고수의 독서법을 말하다

이 시대의 멘토, 한근태

고수의
독서법을
말하다

지은이
한근태

izi PUBLISHING

당신의 인생 책은
무엇입니까?

내 인생의 세 가지 축은 운동, 독서, 글쓰기다. 건강을 위해 몸을 만들고 뇌를 위해 책을 읽고 글을 쓰자는 생각이다. 그와 관련한 책을 썼다. 운동 관련해서는 《몸이 먼저다》를, 글쓰기 관련해서는 《당신이 누군지 책으로 증명하라》를 썼다. 《고수의 독서법을 말하다》는 마지막 퍼즐로서 쓴 독서 관련 책이다. 독서가 왜 중요한지, 책을 어떻게 골라야 하는지, 독서를 어떻게 하는지에 대한 내 생각과 다른 사람들의 생각을 모으고 정리한 책이다.

참 오랫동안 책과 함께하는 일을 해왔고 지금도 하고 있고 앞으로도 할 예정이다. 시작은 세리시이오(삼성경제연구소에서 CEO를 대상으로 만든 지식앱)에서의 책 소개였다. 경영자들이 읽었으면 하는 책을 내가 읽고 이를 압축해 7~8분짜리 동영상으로 만드는 일이다. 거의 20년째 하고 있다. 2주에 하나씩 1년에 27편을 소개해야 한다. 책 선정이 쉽지 않다. 재미만 있어도 안 되고 의미만 있어도 안 된다. 너무 가벼운 책도 너무 무거운 책도 사절이다. 정치색을 띠어도 안 되고, 치우쳐도 안 된다. 그야말로 차 떼고 포 떼고 나면 소개할 만한 책이 별로 없다. 한 권의 책을 선정하기 위해서는 대략 열 권 정도의 책을 뒤적여야 한다. 1년에 270권 정도다. 소개할 책은 집중적으로 읽어야 한다. 지금껏 세리시이오를 위해 뒤적거린 책이 대강 5,000권쯤 된다.

7~8년간 동아비즈니스리뷰에 경영자들을 위한 책 요약을 실었다. 주기는 일정하지 않지만 제법 많은 책을 소개했는데 요즘은 뜸하다. 길이는 A4로 다섯 장쯤 된다. 마지막은 교보의 북멘토다. 여기서는 신간 추천을 주로 한다. 매달 교보에서 그들이 선정한 신간 열 권을 보내오면 난 그중 다섯 권을 추리고 선정 사유를 A4 세 장 정도 쓴다. 매달 열 권을 읽어야 하니까 1년이면 120권을 읽어야 한다. 10년쯤 했으니까 1,200권쯤 읽은 것 같다. 추천사 요청을 받을 때면 그 책도

읽어야 한다. 그 외 관심분야의 책, 그때그때 책을 쓸 때 도움이 될 만한 책을 사서 읽는다. 가끔 내 스스로가 리딩 머신(Reading machine)이 된 것 같다는 생각을 한다.

난 왜 책을 읽을까? 솔직히 처음에는 주어진 일이기 때문에 막연히 책을 읽고 요약했다. 별다른 즐거움이나 보람은 없었다. 오히려 가끔 '내가 왜 이런 일을 하지? 돈이 되는 것도 아닌데 왜 이렇게 눈이 빠지게 책을 읽어야 하지?'란 생각도 했다. 그런데 시간이 지나면서 독서에 대한 생각이 바뀌었다. 사람들이 책 요약을 읽고 재미있었다, 도움이 되었다는 이야기를 해주었다. 어떤 저자는 책보다 책 요약이 좋았다는 피드백을 주기도 했다. 지식의 축적에서 오는 보람과 성과가 느껴졌고 어느 날부터 내 자신이 달라지고 있다는 걸 알게 됐다. 이런 식이다.

누군가 무슨 고민이나 얘기를 하면 나도 모르게 그와 관련된 아이디어나 해법이 떠올랐다. 당연히 아이디어가 풍부하다는 피드백을 많이 받게 됐다. 어떤 사람이 고민을 얘기할 때 나도 모르게 이런 책을 읽으면 도움이 될 것이란 생각이 들었고 책을 추천하면 그 사람이 고맙다는 얘기를 했다. 강의의 품질도 좋아졌다.

한번은 모 신문사로부터 혼란스런 시대 경영자들에게 도

고수의 독서법을 말하다

움이 될 만한 강의를 해달라는 부탁을 받았다. 나도 모르게 '누가 미래를 주도하는가'란 주제로 강의를 했는데 파급효과가 컸다. "역사학이 미래학이다. 역사를 알아야 미래를 알 수 있다. 이를 위해서는 부의 흐름을 읽어야 한다. 잘 사는 나라는 왜 잘살게 됐는지, 이들이 왜 쇠퇴했는지를 보면 아이디어를 얻을 수 있다."는 내용인데 대부분 그동안 읽은 책에서 얻은 정보들이다. 권홍우가 쓴《부의 역사》, 제러드 다이아몬드가 쓴《나와 세계》, 송동훈이 쓴《그랜드투어》등을 인용했다. 개략적인 내용을 떠올리기만 했는데 그런 내용들이 술술 입에서 나와서 누구보다 내 자신이 가장 놀랐다. 참석자들은 내 강연에 열광했고 이를 유튜브에서 본 대기업 오너의 청으로 그 회사에서 강의를 하기도 했다.

무엇보다 내가 독서의 효용성을 깨달은 것은 다수의 책을 집필하면서다. 난 2019년에 여섯 권의 책을 냈고 2020년에는 그 이상의 책을 낼 것 같다. 내가 의도한 게 아니라 나도 모르게 벌어진 일이다. 의식하지 못했지만 자꾸 아이디어가 떠올랐고 책을 쓰고 싶었다. 나도 모르는 사이 지식의 축적이 이루어진 덕분이리라.

많은 사람이 살기 어렵다고 얘기한다. 회사를 그만둔 사람들은 취직을 하고 싶은데 별다른 주특기가 없다고 호소한다.

회사는 회사대로 신규 사업을 하고 싶은데 뭘 하면 좋을지 모른다고 아우성이다. 어떻게 하면 이런 문제를 해결할 수 있을까? 책에서 방법을 찾으라고 권하고 싶다. 책에 길이 있다.

대부분의 사람이 학교 졸업 후 분서갱유한 삶을 살고 있다. 책 한 줄 읽지 않고 그저 분주하게 살고 있다. 분주한 것과 유능한 것을 동일시한다. 과연 그럴까? 난 동의하지 않는다. 잘 살기 위해서는 남과 달라야 한다. 남과 다른 생각을 할 수 있어야 한다. 똑같은 걸 다른 시각으로 볼 수 있어야 한다. 지금 없는 걸 만들 수 있어야 한다. 당연한 걸 낯설게 볼 수 있어야 한다. 말은 쉽지만 실천은 어렵다. 방법은 지식의 축적이다. 꾸준히 책을 읽고 축적하면 어느 순간 가능해진다. 간단히 설명하면 지식견해다. 지식이 있어야 견과 해가 생긴다는 말이다. 여기서 견이 바로 나만의 의견이다. 난지난 20년 동안 책을 소개하면서 이 프로세스를 체험했다. 지식의 축적에서 오는 견과 해의 즐거움을 만끽했고 그 즐거움을 나누기 위해 이 책을 썼다.

난 그동안 주로 기업을 대상으로 강의와 독서토론회를 했는데 작년부터 일반인을 위한 독서토론회와 글쓰기 모임을 운영하고 있다. **책엄세**(책 읽는 엄마가 세상을 바꾼다), **공사세**(공부하는 사람이 세상을 바꾼다), **글사세**(글 쓰는 사람이 세상을 바꾼다)가 그것이다. 난

고수의 독서법을 말하다

이들과 만나면서 매일 깜짝 놀라고 있다. 너무 많은 사람이 간절히 변화를 꿈꾸고 있고, 너무 많은 사람이 그 꿈을 이루기 위해 노력한다. 난 퍼실리테이터로서 이들에게 독서의 즐거움과 글쓰기의 기쁨을 주는 역할을 하는데 과정에서 내가 가장 큰 수혜자임을 알았다. 그들의 변화를 보면서 큰 기쁨을 느꼈기 때문이다. 독서로 인한 변화를 알리고자 이 책에 그들의 글을 일부 소개했다. 이 자리를 빌려 그들에게 큰 감사의 인사를 드리고 싶다. 아무쪼록 이 책이 책 읽는 대한민국을 만드는 데 일조를 했으면 하는 바람이다.

한근태

1장

왜 알면서도
읽지 않는가

10년간 책을 읽지 않으면 무슨 일이 생길까?

왜 책을 읽어야 하는 걸까? 읽지 않으면 어떤 일이 일어날까? 어떤 사람들은 열심히 책을 읽고 어떤 사람들은 거의 책을 읽지 않는 이유는 뭘까? 내게 책이란 무엇일까?

지금의 내게 독서는 생활이다. 매일 일어나 밥 먹고 잠자는 게 당연하듯이 책 읽는 게 일상이다. 책이 없는 내 삶은 상상할 수 없다. 모든 책을 읽을 때 특별한 목적을 가지고 읽지는 않는다. 그저 읽고 싶어서, 곁에 두고 싶어서, 없으면 허전해서, 즐거워서 읽을 때도 있다. 그런데 문득 책을 읽어야 하는 이유와 목적을 정리하고 싶어졌다. 생산적인 책 읽기를 권하려면 나부터가 일목요연하게 정리해야 할 필요성을 느꼈기 때문이다.

성장하기 위해

지금의 난 예전의 내가 아니다. 앞으로의 나 역시 지금의 나보다 나아질 것이다. 책을 읽으면 성장하고 책을 읽지 않으면 성장이 더딘 게 확실하다. 책을 통해 성장했음을 나 스스로 실감하기 때문이다. 요즘 책 읽기를 당당하게 거부하는 사람이 많은 것 같다. 책을 읽지 않는다니, 모르는 게 없고 더 이상 배울 게 없다는 뜻일까?

"평생 독서하지 않은 사람은 시간적으로나 공간적으로 자기만의 세상에 감금당한 꼴이다. 그 사람이 접하고 사귀는 사람은 극소수의 사람으로, 보고 듣는 것이 신변잡기를 넘지 못한다. 하지만 책을 읽으면 다른 세계에 들어갈 수 있다. 고전을 통해 오래전의 현인을 만날 수도 있고 머나먼 다른 나라에도 가볼 수도 있다. 또 여태껏 몰랐던 미지의 여러 일을 알게 되고 숱한 상황에서 패하지 않는 과정도 깨닫게 된다." 임어당의 말이다. 성장하고 싶다면 책을 읽어야 한다.

고수의 독서법을 말하다

자기 의견을 갖기 위해

특정 주제에 대해 자기만의 의견을 갖고 있는가? 아니면 아무런 의견이 없는가? 둘의 차이는 성장을 끊임없이 하느냐 멈췄느냐에 있다. 성장이란 무엇일까? 내가 생각하는 성장은 특정 주제에 대한 내 의견을 갖는 것이다. 난 그동안 리더십, 커뮤니케이션, 말, 생산성, 디테일, 질문, 비유 등에 관한 책을 썼다. 내게 있어 집필은 그 주제에 대한 내 의견의 표현이다. 반대로 자기 의견이 없다는 것은 무지하고 근거가 빈약하며 해석능력이 없다는 것이다. 자기 의견이 없으면 언제든 남의 의견에 휩쓸릴 수 있다.

그렇다면 어떻게 해야 특정 주제에 자기 의견을 가질 수 있을까? 책을 읽으면 남과 다른 관점을 가질 수 있다. 독서력이 뛰어난 이들은 특정 주제에 대한 자료를 읽고 그 자료를 바탕으로 논리적으로 생각하고 자기 의견을 도출할 수 있다.

삶의 충만함을 위해

삶의 충만함을 이야기하기 전 질문을 던지고 싶다. 삶이 충만하고 만족스러운가? 아니면 늘 그렇고 그런 시간을 보내고 있는가? 아이 혹은 배우자 이야기만 하는 사람, 골프와 회사이야기만 하는 사람, 정치인과 대통령 비판만 하는 사람, 의견 수용 없이 고집불통인 사람, 확신에 차 늘 세상만사에 불평하는 사람…, 이들의 공통점은 무엇일까? 학창시절 이후로 분서갱유하고 책을 읽지 않는 사람들이다.

이런 사람들은 사고가 편협하고 대화 소재가 빈약하며 관심거리가 극히 제한적이다. 대화가 재미없으며 고집불통인데다 남의 말을 듣지 않는다. 호기심이 없어 질문을 하지 않으며 주변 사람에게 꼰대란 소리를 듣는다. 아무 근거 없이 자기 확신에 넘치고 자기 생각이 잘못일 거란 생각은 꿈에도 하지 않는다. 자신의 무지를 인정하지도 않고 인지하지도 못한다. 한마디로 대책이 없는 사람들이다.

충만한 삶을 살기 위해서는 관심 분야가 다양해야 한다. 함께 책을 읽고 그 분야의 이야기를 나누는 것도 좋은 방법이다. 같은 책을 읽고 책에 대한 이야기를 나눌 때의 충만함은 정말 말로 설명하기 어렵다. 나는 책사세(책 읽는 사람이 세상을 바꾼다)라는 독서모임을 운영하는데, 주로 인문학 책을 읽고 발제하여 그에 대해 이야기를 나눈다. 얼마 전《경제는 지리다》란 책을 읽고 토론을 했는데 발제자가 책을 뛰어넘는 연구로 사람들을 휘어잡았다. 특히 해협 관련 이야기와 지구온난화와 북극항로 이야기는 새로운 깨달음을 줬다. 지리가 얼마나 소중한지를 아는 귀한 시간이었다.

고수의 독서법을 말하다

말을 잘하고 글을 잘 쓰기 위해

조선시대 선비의 채용조건은 신언서판(身言書判)이다. 생김새, 말본새, 글재주, 판단력으로 유능한 사람인지 본다는 것인데 이는 현대에도 비슷하다. 유능함은 자기 생각을 조리 있게 잘 표현함으로써 드러나는데 말과 글이 대표적인 도구다. 사람들은 말하기와 글쓰기에 관심이 높다. 관련 책이 차고 넘치는 게 그 증거다.

그런데 어떻게 하면 말을 잘하고 글을 잘 쓸 수 있을까? 나는 유창한 언변이나 문장기교보다 콘텐츠가 핵심이라고 생각한다. 얘깃거리가 새롭고 참신하고 다양하면 말솜씨가 부족해도 괜찮고, 얘깃거리가 빈약하면 말솜씨가 청산유수라도 지루하다. 좋은 콘텐츠 없이는 좋은 글도 쓸 수 없다. 양질의 콘텐츠에 닿는 최선의 방법은 독서다. 책을 많이, 제대로 읽어야 한다.

생각을 잘하기 위해

책을 읽으면 생각의 근육을 키울 수 있다. 그냥 하는 생각은 생각이 아닌 경우가 많다. 밤새워 탑을 쌓았다 헐었다 쌓았다 헐었다 한다고 뭐가 달라지겠는가? 머리만 아플 뿐이다. 애초에 생각의 원재료가 부족한데, 알량한 지식으로 1년 열

두 달 생각한다고 달라지는 게 있겠는가. 아무 생각 없이 사는 것보다야 궁리를 하는 게 나을 수 있겠지만 거기서 거기란 말이다. 뭐든 밑천이 있어야 한다. 장사에도 밑천이 필요하고, 사람을 사귀는 데도 투자가 필요하듯, 제대로 된 생각을 하기 위해서는 밑천이 필요하다. 독서는 최선의 밑천을 제공해준다.

정보를 얻기 위해

부동산 투자를 하는 사람들은 정말 책을 열심히 읽는다. 몇몇 부동산 투자 관련 독서모임에서 강의한 적이 있는데 이들의 독서력과 열기에 깜짝 놀랐다. 부동산 투자를 하는 사람들이 왜 이렇게 열심히 책을 읽을까? 세상을 읽고 사람을 읽어야 제대로 된 부동산 투자를 할 수 있기 때문이다. 이렇게 급변하는 세상에서 공부하지 않으면 투자에 실패한다는 걸 알기 때문이다.

내가 아는 부자는 대부분 독서광이다. 부는 정보에서 나온다. 남보다 한발 앞서 투자를 하거나 빠져나와야 돈을 벌 수 있음을 이들은 안다. "내게 어떤 예측력이 있다면 그 상당 부분은 독서에 힘입은 것이다. 잘 보면 시기마다 시장을 끌고 가는 트렌드가 있다. 그걸 얼마나 빨리, 정확하게 포착하느

고수의 독서법을 말하다

냐가 성공의 관건이다. 시류를 읽는 것은 독서에서 나온다. 아무리 잡다한 정보를 많이 접한다 해도 자기 것으로 만들지 못하면 의미가 없다." 미래에셋 회킹 박현수의 말이다.

그 자체로 즐거워서

현재 당신의 가장 큰 즐거움은 무엇인가? 여행, 영화 감상, 술 마시기 등 다양할 텐데, 난 책 읽기와 글쓰기가 큰 즐거움이다. 삶의 큰 즐거움은 쉽게 얻을 수 없다. 죽을 때까지 그런 즐거움이 있는지 모르고 살 수도 있다. 큰 즐거움은 노력해야 얻을 수 있다는 걸 난 독서를 통해 배웠다.

처음 책 요약을 위해 책을 집어들었을 때는 의무감으로 읽었다. 즐거움보다는 고통에 가까웠다. 시간이 흐르고 독서가 익숙해지면서 습관으로 자리 잡혔다. 나도 모르게 책을 잡고 읽게 되었다. 더 시간이 흘러서는 책을 쓸 수 있게 되었고 지금은 내 책으로 독서토론회도 하게 되었다. 독서토론회를 운영하면서 책을 통해 사람들이 변하는 모습을 보았고 책의 힘을 실감했다. 독서를 통해 변화를 맞는 사람들이 늘어남에 따라 운영하는 독서 모임도 늘려가고 있다. 책을 읽고 이를 소개하고 같은 주제로 사람들과 이야기를 나누는 것은 큰 즐거움이다. 의무가 습관이 되고 습관이 즐거움이 된 것이다.

'왜 책을 읽어야만 하는가'란 주제는 참 진부하다. 책을 읽어야 좋다는 건 착하게 살아야 좋다는 것만큼이나 뻔한 소리다. 진부할 만큼 당연시 여김에도 사람들은 책을 읽지 않는다. 그래서 난 질문을 바꾸고 싶다. "만약 10년간 책을 읽지 않으면 어떤 일이 일어나는가?"라고 말이다. 앞에서 언급한 책을 읽어야 하는 이유를 거꾸로 생각해보면 된다. 성장하지 못하고, 자기 의견이 사라지고, 충만함 대신 뻔한 삶을 살게 되고, 말주변이 없어지고, 생각하는 힘이 약해져 엉뚱한 결정을 하고, 인생에서의 큰 즐거움을 잃게 될 것이다.

다니엘 페나크의 시로 마무리하고 싶다. 책을 읽어야 하는 이유에 대해 한번 생각해보면 좋겠다.

인간은 살아 있기 때문에 집을 짓는다.

그러나 죽을 것을 알고 있기에 글을 쓴다.

인간은 무리를 짓는 습성이 있기에 모여 산다.

그러나 혼자라는 것을 알기 때문에 책을 읽는다.

독서는 동반자가 되어 준다.

하지만 그 자리는 다른 어떤 것을 대신하는 자리도

그 무엇으로 대신할 수 있는 자리도 아니다.

독서는 인간의 운명에 대해 명쾌한 설명을 하지 않는다.

고수의 독서법을 말하다

다만 삶과 인간 사이에
촘촘한 그물망 하나를 은밀히 알려준다.
그 작고 은밀한 얼개들은
삶의 비극적인 부조리를 드러내면서도
살아간다는 것의 역설적인 행복을 말해준다.
책을 읽는 이유도 살아가는 이유만큼이나 불가사의하다.

"최근 읽은 책이 뭐예요?" 라는 질문을 받았다면

"최근 어떤 책을 읽으셨나요?" 내가 자주 던지는 질문이다. 이 질문을 받은 대부분의 사람이 당황해한다. 최근 읽은 책이 없기 때문이다. 그 사람의 일상에는 책이 들어 있지 않을 수도 있다. 생전 운동하지 않는 사람이 "요즘 어떤 운동을 하세요?" 같은 질문을 받는 셈이랄까. 책을 읽지 않아도 사는 데 전혀 문제가 없다. 평생 책을 읽지 않아도 사회생활을 할 수 있다. 하지만 책을 읽으면 더 잘 살 수 있다. 제대로 살 수 있다. 삶의 질이 올라간다.

독서 그리고 요약

책을 읽고 소개하는 게 직업이다 보니 남들보다 책을 압도적으로 많이 읽는다. 읽는 것으로 끝이 아니다. 좋은 책을 골라 추천해야 하는데 그러려면 대략 내용을 알 수 있게 요약을 해야 한다.

내가 책을 추천하는 곳은 세 군데인데 방식이 조금씩 다르다. 교보 북멘토의 역할은 이 달의 신간을 선정하는 일이다. 매달 교보에서 열 권의 신간을 뽑아서 보내준다. 난 이를 읽고 그중 다섯 권을 선택하는데 이때 15~20줄로 선정 이유를 써야 한다. 이미 전문가들이 필터링을 했기 때문에 일정 수준이 되는 책들이다. 그중에는 내 취향이 아닌 책이 제법 있는데 그게 또 내겐 좋은 자극이 된다. 그래서 매달 신간 열 권을 읽고 추천하는 일은 힘들지만 큰 기쁨이다.

동아비즈니스리뷰는 경영자를 위한 잡지다. 경영학계 혹은 산업계의 고수들이 주로 칼럼을 싣는다. 나는 경영자들에게 도움이 되는 책을 소개하는데 경영 관련 책 대신 인문학 그중에서도 역사 관련 책을 많이 소개한다. 미래를 예측하는 최선의 방법은 역사를 공부하는 것이라고 생각하기 때문이다.

마지막은 세리시이오다. 삼성경제연구소에서 출범한 회사

인데 요즘은 멀티캠퍼스란 곳에서 운영한다. 유료 사이트이고 최고경영자들이 주 회원이다. 여기서 20년째 2주에 한 번씩 인문학 관련 책을 소개하고 있다. 경영 관련 책은 국민대 고현숙 교수가 소개하고 있다. 책의 핵심 내용을 A4지 한 장 반 정도로 줄인 후 이를 영상으로 녹화해 전달한다. 주로 내가 책을 골라 추천하지만 가끔은 그곳에서 추천할 책을 미리 골라놓을 때도 있다.

관심 분야의 확장

만약 누군가가 내게 "최근 어떤 책을 읽으셨나요?"라고 묻는다면 난 《회계의 세계사》(다나카 야스히로 지음, 황선종 옮김, 위즈덤하우스, 2019)라고 즉답하고 그 책을 추천할 것이다. 사실 회계는 내 관심 분야가 아니다. 우연히 이 책을 보고 단숨에 읽게 되었다. '회계'라는 생소한 분야의 책인데 책 읽는 즐거움이 있었다. 요즘 만나는 사람마다, 특히 회계사들에게 강력히 추천하고 있다. 궁금한 사람을 위해 맛보기로 조금 내용을 요약해보았다.

회계는 네덜란드가 만든 주식회사에서 비롯된다. 네덜란드는 1602년 처음으로 동인도회사를 만들고 주식을 거래할 수 있는 거래소를 만든다. 위험을 최소화하기 위해서다. 이들의 논리는 이렇다.

'지금과 같이 작은 회사가 배를 만들어 내보내면 족족 침몰한다. 손해가 막심하다. 좀더 돈을 들여 튼튼하고 대포도 장착한 배를 건조해서 그들을 해치우자. 배로 오갈 게 아니라 인도에 현지 거점을 만들어 대대적으로 상업 활동을 벌이자. 이를 위해서는 큰돈이 필요한데 한두 사람의 힘으론 부족하고 다양한 사람으로부터 자금을 장기적으로 조달할 필요가 있다.'

주식회사는 처음으로 자금조달을 무연고 타인에게 의지한다. 지금의 주주들이다. 그런데 주주들을 만족시키기 위해서는 두 가지가 필요하다. 첫째, 이윤을 정확하게 계산하고, 둘째, 이윤을 출자비율에 따라 정확히 분배해야 한다. 당연히 복식부기를 도입하고 무연고 주주에게 이윤 보고를 해야 했는데 이를 뜻하는 말 'account for'가 오늘날 'accounting'(회계)의 어원이 된다. 자금을 맡은 경영자가 자금을 제공한 주주에게 보고하는 것이 회계의 기원인 것이다.

회계에서 유명한 감가상각은 영국에서 만들어진다. 1830년 9월 15일 리버풀과 맨체스터 간 열차가 처음으로 개통되고 철도 역사가 시작된다. 그런데 철도사업은 몇 가지 특징이 있다. 초기 투자가 너무 크다. 고정자산이 많고 재고자산이 거의 없으며 고정자산을 장기적으로 이용해 이윤을 낸다. 문제는 너무 큰 투자 때문에 매년 이익을 내는 게 쉽지 않다. 투자 때문에 이익을 낼 수 없고 배당도 할 수 없다. 그래서 나온 개념이 감가상각이다. 투자액을 몇 년에 나누어 계산하자는 것이다. 철도를 깔고, 증기기관차를 만드는 데 드는 거액의 지출을 몇 년에 걸쳐 비용으로 처리하는 것이다. 그럼 투자를 해도 이익을 창출할 수 있다. 회계사에서 일어난 대단한 발명이다.

  그렇다면 감사(監査)의 기원은 뭘까? 산업혁명과 철도주식으로 부자가 된 사람들은 새로운 투자처를 찾아다닌다. 그런데 정보가 별로 없다는 것이 문제였다. 이런 사람에게 정보를 제공하면서 돈을 벌 수 있겠다고 생각한 사람이 있다. 회계사이면서 미국 대통령 존 F. 케네디의 아버지인 패트릭 조다. 원래 회계사는 파산을 처리하는 사람이다. 그래서 회사에 회계사가 등장하면 회사가 위험하다는 소문이 돌았다. 그런 회계사한테 새로 생긴 일이 바로 감사업무다. 감사는 회사가 망하지 않도록 재무의 건강 상태를 점검하는 일이다. 결산이 정확하게 진행되었는지 점검하는 것이 감사다. 영어로 'audit'인데 '듣는다'는 뜻이다. 경영자는 자금을 조달한 자에게 결과를 설명하고 회계사는 감사를 통해 그것을 듣는 관계다. 미국은 대공황 이후 증권거래규칙을 만드는데 그때 완성한 회계제도의 근간은 이렇다. 첫째, 상장사는 규칙을 토대로 정확하게 결산서를 작성할 것, 둘째, 정확하게 작성됐는지 감사를 받을 것, 셋째, 결산서를 투자가에게 정보 제공할 것 등이다. 회계의 근간이 그때 만들어진 것이다.

이 책의 요약을 읽고 혹시 회계에 대해 새로운 생각이 들었는가? 책은 생각지도 못한 분야로 관심을 확장시켜주기도 한다. 그러면 저절로 사고도 확장된다.

그 사람이 어떤 사람인지 알고 싶으면 그 사람에게 최근 어떤 책을 읽었는지 물어보라. 만약 책을 읽지 않았다는 답이 나오면 그 사람과의 만남에 큰 기대는 마라. 책을 읽지 않는 사람과 할 수 있는 일은 별로 없다. 반대로 다양한 책을 읽고 거기에 대해 눈을 반짝이며 이야기하는 사람과는 계속해서 만남을 가져라. 가치 있게 살아가는 사람, 성공과 성과를 일군 사람, 현명하고 지혜로운 사람은 예외 없이 독서광이다. 책을 산더미처럼 쌓아두고도 다시 지갑을 여는 사람들이다.

가장 그럴싸한 변명, "책 읽을 시간이 없다"

세상에 독서의 중요성을 모르는 사람은 없다. 하지만 실천하는 사람은 많지 않다. 책을 읽지 않는 이유로 가장 많이 대는 변명이 바로 시간 부족이다. 책 읽을 시간이 없기 때문에 책을 읽지 않는다는 것이다. 정말 징글징글하게 이런 변명을 들었다. 난 그 말을 들을 때마다 가슴속에서 뭔가가 치밀어 오르면서 이런 말을 하고 싶다.

"이 사람아, 세상에 그런 거짓말이 어디 있는가? 왜 그렇게 바쁜 줄 아는가? 바로 책을 읽지 않기 때문에 바쁜 거야. 시간이 없어 책을 못 읽는 게 아니라 책을 읽지 않기 때문에

고수의 독서법을 말하다

자꾸 뭔가 일이 생기면서 바빠지는 거야. 그게 악순환이야. 평소에 독서를 통해 지식을 쌓고 뇌 근육을 단련시키면 바쁜 일이 덜 생기고 훨씬 생산적인 사람이 될 수 있어."

책을 읽어야 여유가 생긴다

내 생각은 명확하다. 여유가 있어 책을 읽는 게 아니다. 책을 읽어야 여유가 생긴다. 책을 읽지 않는 사람은 여유가 생겨도 책을 읽지 않고 늘 쫓기는 생활을 하게 된다. 책을 읽지 않으면 엉뚱한 일을 하게 된다. 이상한 사람을 만나 그와 얽혀 쓸데없이 길을 헤매게 된다.

책 속에 길이 있다. 지혜와 영감이 들어 있다. 꾸준히 책을 읽으면 철학의 뼈대를 굳건히 할 수 있다. 우선순위가 명확해지면서 쓸데없는 일을 하지 않게 되고 쓸데없는 사람을 만날 일도 없어진다. 당연히 엉뚱한 일에 시간을 쓰지 않는다. 심플하면서 생산적인 삶을 살 수 있다.

하루 24시간만 주어진 것은 누구나 똑같다. 그런데 왜 시간이 없어 책을 읽지 못한다는 하소연이 많을까? 시간이 없다는 건 '평상시에 지켜야 할 일을 하지 않는 것'으로 봐도 무방하다. 운동, 독서, 충분한 수면, 대인관계 등 급하진 않지만 소중한 일을 게을리하고 있다는 말이다. 그러면 단기적으로는 티가 나지 않지만 장기적으로는 문제가 생긴다.

일단 공부하지 않으니 절대 지식이 부족하고, 별다른 아이디어도 없고, 남들과 다른 생각을 할 수 없다. 뚜렷한 주특기가 없으니 누구나 할 수 있는 뻔한 일을 할 수밖에 없다. 운동을 게을리하고 수면 부족에 시달리니 건강에도 문제가 생겨 시간을 낭비하게 된다. 대인관계에 소홀하니 좋은 기회를 만날 확률도 낮다. 늘 불경기 탓이나 하면서 삶의 진흙탕을 뒹굴 가능성이 높다. 별다른 노력 없이 남들 이야기를 듣고 투자를 하니 사기를 당할 가능성도 높다.

특히 책을 읽지 않으면서 열심히 산다고 생각하는 건 밥을 먹지 않은 빈속으로 열심히 뛰는 것과 마찬가지다. 무뎌진 도끼로 열심히 나무를 베겠다는 것과 같다. 제 딴에는 열심히 산다고 생각하지만 난 동의하지 않는다. 내가 생각하는 부지런함은 자신의 잠재력을 갈고닦아 극대화시키는 것이다. 독서가 그 역할의 중심에 있다.

정말 책 읽을 시간이 없을까?

책 읽을 시간이 없다는 사람에게는 한양대 정민 교수의 이야기를 들려주고 싶다. "책 한 권을 다 읽을 만큼 한가한 때를 기다린 뒤에 책을 편다면 평생 가도 책을 읽을 만한 날은 없다. 아주 바쁜 중에도 틈이 생기면 한 글자라도 읽는 것이 옳다. 너무 바빠 시간이 없어 책을 못 읽는다는 것처럼 슬픈 일은 없다. 마음이 일을 만든다. 쓸데없는 일은 끊임없이 궁리해내면서 나를 반듯하게 세워줄 책은 멀리하니 마음 밭이 날로 황폐해진다. 오가는 지하철에서만 책을 읽어도 삶이 바뀐다. 휴대폰을 잠깐 내려놓아도 낙오하지 않는다.”

《일독일행 독서법》을 쓴 유근용은 영어 강사로 바쁘게 일하면서 1년에 520권의 책을 읽고 5년에 2,000권을 읽었는데 도대체 어떻게 시간을 냈을까? 그의 말이다. “아침에 일어나 잠자리에 들기까지 모든 시간을 기록했습니다. 특히 그냥 흘러가는 조각 시간들을 확실하게 체크했습니다. 의외로 낭비되는 시간이 많더군요. 나는 이 시간을 무조건 책 읽는 시간으로 만들었습니다. 그랬더니 평일에는 한 권, 주말에는 두 권의 책을 읽을 수 있는 시간이 확보됐습니다. 시간이 지날수록 날로 발전한 책 근육이 독서에 속도를 붙여주었습니다. 이렇게 꾸준히 9개월을 했을 때 목표했던 365권을 다 읽을 수 있었습니다. 1년이 되었을 때는 520권의 책을 읽었습니다. 나조차 놀랍기만 한 수치였습니다. 내 주변에는 1년에 365권의 책을 읽은 사람이 많습니다. 그중에는 한 해에 수십억 원의 매출을 올리며 누구보다 바쁜 삶을 살고 있는 젊은

CEO도 있고 어린 자녀를 세 명이나 둔 워킹맘도 있습니다. 그 워킹맘은 아이 돌보랴, 주말에도 회사 나가랴 정신없이 바쁘지만 새벽 4시에 일어나 책을 읽는 말 그대로 슈퍼맘입니다. 물론 무리해가며 매일 책 한 권을 읽으라는 건 아닙니다. 책을 단 한 줄도 읽을 시간이 없다는 게 핑계에 불과하다는 것을 알려주고 싶은 겁니다."

　자신을 존중한다면서, 자신을 사랑한다면서, 잘 살고 싶다면서 책 한 권 읽지 않는 것만큼 자신에게 무례한 일이 있을까? 매일 밥은 먹으면서 책 한 줄 읽지 않는 걸 어떻게 해석해야 할까? 내가 생각하는 최고의 자학이 분서갱유다. 대학졸업 후 책을 구덩이에 파묻고 불을 지르기라도 한 것처럼 딱 끊는 것이다. 분서갱유한 사람은 조만간 자신이 파놓은 구덩이에 자신이 빠질지도 모른다. 당장 일어나 책을 읽으라. 이 핑계, 저 핑계 대지 말고 생각나면 바로 읽자. 단 10분이라도 좋다.

고수의 독서법을 말하다

책을 안 읽는 건
개인의 문제일 뿐일까?

한국인이 책을 안 읽는다는 이야기는 유명하다. 잊을 만하면 한 번씩 기사가 뜬다. OECD국가 중 꼴찌다, 국민의 절반은 1년 내내 책 한 권 읽지 않는다, 대학 앞에 카페나 술집은 많아도 서점은 없다, 모 대학 앞 서점도 이번에 문을 닫는다…, 책 안 읽는 걸로 올림픽을 열면 금메달은 따 놓은 당상이리라. 한국과 대비해 일본이나 선진국 사례도 빠짐없이 등장한다. 어찌 됐든 한국인이 책을 안 읽는 건 확실하다.

책을 안 읽는 이유를 세 가지 측면에서 생각해볼 수 있다. 독자 측면, 저자 측면, 유통구조 측면이 그것이다. 그동안은 대부분 독자 측면에서만 이유를 찾았는데 다른 측면에서도 찾아보아야 한다.

저자 측면에서 찾은 이유

점심 먹은 직후에 이루어지는 강의에서는 유독 눈꺼풀이 무거워 보이는 사람이 많다. 그때 나는 모른 척하며 질문을 던진다. "강의 중에 조는 건 누구 잘못일까요? 강사? 아니면 청중?" 대답을 기다리지 않고 웃으면서 청중이 아닌 강사 잘못이라고, 자는 사람이 문제가 아니라 재운 사람이 문제이니 강의가 재미없으면 편히 주무시라고 말한다. 그럼 청중은 한바탕 웃고 마음 편해한다.

책도 그렇다. 만약 책이 너무 재미있고 배울 게 많아서 손에서 책을 놓을 수 없다면 어떤 일이 일어날까? 제발 책 좀 그만 읽으라고 하지 않을까? 종이를 너무 많이 써서 문제라는 뉴스가 나오지 않을까?

사람들이 책을 사지 않는 가장 큰 이유는 저자 때문이다. 재미도 없고 배울 것도 없고 읽기 어려운 책을 썼기 때문이다. 특히 번역서가 그렇다. 서양 사람들은 말이 길다. 쓸데없는 사례도 많고 한 이야기를 또 하면서 사람 진을 뺀다. 거기에 이상한 번역자가 한술 더 뜬다. 영어를 그대로 번역하는

고수의 독서법을 말하다

바람에 도대체 읽히지가 않는다. 한글도 아니고 영어도 아닌 이상한 나라 말을 잔뜩 늘어놓는다. 그런 책이 너무 많다. 이런 사람들은 번역 전 이오덕 선생의 책을 몇 권 읽게 해야 한다. 번역 자격증을 만들어 말도 안 되는 번역자를 시장에서 내쫓아야 한다.

불황에 장사가 안되는 음식점이 많아도 맛집 앞에는 긴 줄이 있다. 사람들이 책을 읽지 않는 이유는 한국인이 유난히 책을 싫어하기 때문만은 아니다. 책임의 반은 저자와 출판사에 있다. 이게 내 분석이다.

유통구조 측면에서 찾은 이유

경영학에 정보 비대칭이란 말이 있다. 판매자와 소비자 사이에 정보 차이가 클 때 문제가 생긴다는 말이다. 대표적인 것이 중고차다. 이 차가 물에 빠졌던 차인지, 사고가 난 차를 고친 것인지 판매자는 알 수 없기 때문에 바가지를 쓸 가능성이 높은 것이다.

정보 비대칭이 가장 큰 시장은 다름 아닌 책 시장이다. 책을 사러 오는 사람은 취미로 오는 게 아니다. 다 나름의 이유와 목적을 갖고 온다. 속 썩이는 아이 때문에 올 수도 있고, 이직을 하려고 오는 사람도 있고, 자기계발을 위해 오는 사

람도 있다. 그런데 이들이 자신에게 맞는 책을 고를 가능성
은 제로에 가깝다. 우선 책이 많아도 너무 많다. 원하는 책을
찾을 가능성은 모래사장에서 바늘 구하는 것만큼이나 힘들
다. 제대로 원하는 책을 찾지 못하고 엉뚱한 책 속에서 헤맨
독자는 다시는 책을 읽으려 하지 않을 것이다. 독자 한 사람
을 잃는 순간이다.

베스트셀러나 신문에서 소개된 책도 의심해야 한다. 사람
들은 그런 소개를 믿고 덥석 책을 산다. 하지만 그 책이 다
좋은 건 아니다. 일반인에게 맞지 않는 책도 숱하다. 편법을
통해 베스트셀러가 된 책도 있고, 기자와 출판사의 특별한
관계 때문에 신문에 소개되었을 수도 있다. 무엇보다 신문에
소개된 책들은 수준이 높아서 독서력이 부족한 독자가 읽기
엔 무리일 수 있다. 간만에 마음먹고 서점에 간 독자가 수준
에 맞지 않는 책을 고르면 어떤 일이 일어날까? 또 한 무리의
독자를 잃게 된다.

정보가 없는 사람들은 주로 눈에 잘 띄는 매대에 놓인 책
을 고른다. 그런데 매대는 대형 출판사가 마케팅을 위해 돈
을 주고 산 것이다. 독자의 니즈와는 별 상관이 없다. 집에
와 책을 읽어보니 원하는 책이 아니기 십상이다. 실망한 독
자는 다시는 서점에 가지 않는다. 이렇게 또 한 명의 독자를

잃는다.

이러저러한 이유로 지난 수십 년간 우리는 수많은 독자를 잃었고 지금도 잃고 있다. 책 소개가 직업인 나는 어떻게 하면 정보의 비대칭을 해결할 수 있을지를 늘 고민한다. 기회만 되면 각자에게 수준에 맞는 책을 골라줘서 이들이 '책은 정말 끝내주며 인생을 바꿔주는 최고의 비기'라는 사실을 알 수 있도록 하고 싶다. 서점 앞에 앉아 약국의 약사처럼 그들이 원하는 책, 그들 수준에 맞는 책들을 골라주고 싶다. 그래서 잃어버린 독자들을 되찾고 싶다. 내가 꿈꾸는 일 중 하나다.

독자 측면에서 찾은 이유

아무리 그래도 역시 책을 읽지 않는 건 독자 책임이 가장 크다. 문제는 책을 읽지 않았을 때 가장 큰 피해를 입는 쪽 역시 독자라는 거다. 책을 읽지 않아도 먹고사는 데 지장이 없고, 정보 수집 수단은 책 말고도 많다고 여겨 책을 찾지 않는다.

독서는 정보 수집 수단을 뛰어넘는다. 정보 수집을 위해 책을 보긴 하지만 이게 독서의 주된 목적은 아니다. 커뮤니케이션의 구루 맥루한의 분류에 따르면 책은 대표적인 핫 미디어다. 머리를 뜨겁게 달구고 상상력을 높이는 미디어란 뜻이다. 반대로 영화나 드라마는 쿨 미디어다. 영상으로 보기 때문에 상상할 필요가 없이 아무 생각 없이 볼 수 있다는 뜻이다. 책은 집중하지 않으면 읽을 수 없다. 다른 일을 하면서도 볼 수 없다. 집중해서 읽어야 하고 읽으면서 스스로 반성하기도 하고, 상상의 나래를 펴기도 한다. 그야말로 머리가 뜨거워진다.

지금의 삶에 만족하는가? 별다른 니즈가 없는가? 그럼 책을 읽지 않아도 상관없다. 반대로 뭔가 변화하고 싶은가? 돌파구를 찾고 싶은가? 지혜를 얻고 싶은가? 이 문제를 해결하고 싶은가? 팔자를 고치고 싶은가? 그렇다면 책에서 방법을 찾으라고 권하고 싶다. 쓸데없이 이 사람 저 사람 만나고 엉뚱한 짓을 할 바에야 그 시간에 차분히 앉아 책을 읽길 권한다. 책에 길이 있다는 말이 왜 나왔겠는가?

고수의 독서법을 말하다

하루라도 책을 읽지 않으면
가시 돋친 말을 하게 된다

일일불독서 구중생형극(一日不讀書 口中生荊棘)은 안중근 의사가 한 말로, "하루 책을 읽지 않으면 입안에 가시가 생긴다."라는 뜻이다. '입에 가시가 생긴다니? 무슨 가시?' 하고 의아할 수 있다. 난 이 말을 "책을 읽지 않으면 가시 돋친 말을 많이 하게 된다."로 재해석한다.

주변에 늘 말로 상처 주는 사람이 있다. 독성 가득한 말로 사람을 찌르고 힘들게 하면서 자신은 그 사람을 위해서 그렇게 하는 거라고 착각한다. 문제는 자신의 해악을 인지하지 못한다는 것이다. 자신은 늘 옳고 남들은 늘 틀리기 때문에 사명감을 갖고 이런다고 스스로를 대견해한다. 착각도 그런 착각이 없다. 이들은 자신의 그런 행동이 상대에게 어떤 영향을 주는지 살피지 못한다. 책을 읽지 않아 스스로를 돌아볼 기회가 없기 때문이다.

타인보다는 나 자신을 돌아보라

정말 초일류 사기꾼은 자기 자신마저 속인다. 당연히 자신이 사기꾼이란 사실을 인지하지 못한다. 정말 악한 인간 역시 자신이 악 그 자체라는 사실을 인지하지 못하고 오히려 자신이 세상의 악을 제거하고 있다고 착각한다. 자신을 들여다볼 기회가 없기 때문이다.

책의 효용성은 여럿 있지만 그중 압도적인 1위는 바로 나 자신을 돌아보게 한다는 것이다. 책을 읽으면서 저자와 이야기하는 것 같지만 사실 나 자신과 이야기하는 것이다. 활자에 담긴 저자의 생각을 읽으면서 자신도 모르게 스스로를 돌아보게 된다. '맞아, 그런 게 있었지, 그런데 나는 어떤가? 내 이야기를 하는구나' 하고 반성하게 된다. 책을 많이 읽는다는 건 정보와 지혜의 흡수도 있지만 그것보다는 자기반성, 자기 성찰이 우선이다. 자기를 끊임없이 살피게 된다. 그게 핵심이다. 책만큼 자신을 성찰하게 하는 것은 별로 없다.

책은 읽지 않으면서 스마트폰으로 남의 삶은 열심히 살핀다. 누가 어딜 놀러 갔고, 누가 무얼 먹었고, 유명인 누가 무슨 소리를 했고…, 타인의 삶을 열심히 살핀다. 좋은 이야기보다는 사건 사고, 스캔들, 가십 등 사람을 분노하게 하는 이야기에 더 집중한다. 당연히 비분강개하게 된다. 그런 이야기를 들으면서 그렇지 않은 자신을 높이 평가한다. 남들은 저렇게 나쁜 짓을 많이 하는데 그에 비해 아무 일도 하지 않는 자신을 대단하다고 생각한다. 아무 일도 하지 않은 것인데 대단한 일을 하는 걸로 착각한다. 성장 대신 정체하거나 후퇴하고 있는 자신을 살피지 못한다.

또한 늘 삐딱한 눈으로 세상을 보니 세상만사가 다 맘에 들지 않는다. 주변 사람에게 할 말, 하지 말아야 할 말까지 마구 쏟아낸다. 남들을 욕하지만 실상 남들로부터 더한 욕을 먹는데 그 사실조차 인지하지 못한다.

가만 놔두면 뭐든 나빠진다. 관리하지 않으면 망가진다. 진리 중 진리다. 사람의 정신도 그러하다. 책을 읽고 자기를 들여다보면 그런 일을 줄일 수 있다. 주제 파악을 못한 채 독설을 뱉는 행위 같은 건 하지 않게 된다.

자기 성찰과 표출

최근 글쓰기 모임인 글사세를 하고 있다. 엄마들의 글쓰기 모임인데 화두는 내가 던진다. 다음은 '독서가 바꾼 내 인생'이라는 화두로 어떤 이가 쓴 글이다.

어렸을 때 엄마는 나에게 '빌어 처먹을 년'이라는 말을 가끔 했다. 엄마는 나를 혼낼 때 모진 말을 했는데 나이가 들어서도 가끔 그 말이 떠오른다. 엄마는 경북 영주시 백골이란 시골에서 살았는데 당시 집에 하인들만 열이 넘었다고 한다. 그런데 엄마가 중학생 때 친엄마가 돌아가시고 계모가 들어오면서 삶이 바뀌었단다. 사춘기 소녀에게 엄마의 죽음과 계모의 등장은 그 자체로 청천벽력이었을 테고 받아들이기 힘들었을 것이다.

많은 재산이 계모에게 갔고 엄마는 빈손으로 결혼을 해야만 했다. 아마 그런 것들이 엄마 마음속에 한으로 남은 것 같은데 그 한을 자식들 특히 첫딸인 내게 푸셨다. 물론 엄마는 누구보다 자식들을 위해 희생하셨지만 방식이 달랐다. "결혼하고 나서 자식을 키워보니 엄마를 이해할 수 있었다."라고 말하는 사람이 많다. 난 동의하지 않는다. 결혼한 후 자식을 키워보니 엄마를 더 이해할 수 없다. 어떻게 소중하고 귀한 아이들에게 그런 모진 말을 하셨는지 가슴이 답답하다.

난 엄마와는 다르게 살고 싶었다. 따뜻한 가정을 이루고 싶었다. 그런데 정답을 책에서 찾았다. 아이를 낳고 쉬지 않고 책을 읽었다. 욕심이 생길 때도 책을 읽었다. 아이들과 나너모고 싶은 여행지를 찾아볼 때도 책을 읽었다. 아이들에게 예쁜 말을 쓰고 싶을 때도 책을 읽었다. 집 안을 비우고 싶을 때도 책을 읽었다. 나를 비하할 때도 책을 읽었다. 아이들에게 화가 날 때 책을 읽고 필사를 했다. 글을 쓰고 책을 읽으면서 모든 것이 변했다. 더 이상 스스로에게 모진 말을 하지 않는다. 난 책을 통해 좋은 엄마가 되어가는 중이다.

여러분은 이 글을 읽으며 어떤 생각이 드는가? 경험만으로 사람은 성장하지 못한다. 경험이란 객관적 사건과 그것에 대한 주관적 해석의 결합인데 책을 읽어야 주관적 해석을 할 수 있다.

리더(leader)는 리더(reader)여야 한다

수년 전만 해도 마이크로소프트는 무미건조하고 성과만 따지는 조직으로 유명했다. 그런데 최근 급속히 바뀌고 있다. 새로이 2014년 취임 CEO 사티아 나델라 덕분이다. 조직 분위기가 좋아지자 이는 성과로 연결되었다. 사티아는 그 비결을 이렇게 말한다.

"2014년 초 아내는 캐롤 드웩이 쓴 《성공의 새로운 심리학》을 건넸습니다. 드웩은 할 수 있다는 믿음으로 실패를 극복하는 방법을 연구했습니다. 자신을 어떤 식으로 바라보느냐가 인생에 지대한 영향을 미친다는 겁니다. 사람을 학습자

고수의 독서법을 말하다

와 비학습자로 나눌 수 있는데 고정된 사고는 발목을 붙잡지만 성장하는 사고는 사람을 앞으로 나아가게 합니다."

《성공의 새로운 심리학》은 성장의 중요성을 강조한 책이다. 사티아는 회장 취임식에서 직원들에게 이렇게 말한다. "성장하는 사고를 가진 문화를 만들어야 합니다. 어떤 장애물이든 극복하고 어떤 어려움이든 이겨내며 개인의 성장, 더 나아가 회사의 성장을 가능하게 하는 태도와 사고방식을 지녀야 합니다." 아내가 권한 책이 그에게 생각의 씨앗을 던졌고 그 씨앗이 싹트고 자라서 회사 경영에 좋은 화두를 던진 것이다. 이게 책의 힘이다.

성공한 리더의 책 읽기는 독서의 단골 메뉴다. 너무 많은 이야기를 들어 나까지 보태고 싶지는 않다. 난 거꾸로 책을 읽지 않는 리더에 주목하고 왜 리더에게 독서가 더 중요한지를 생각해봤다. 다른 사람들은 책을 좀 안 읽어도 상관이 없지만 리더의 위치에 있는 사람이 책을 안 읽으면 위험하다. 다음은 리더일수록 왜 책을 더 읽어야 하는지를 크게 세 가지로 정리한 것이다.

첫째, 리더는 변화에 예민해야 한다. 변화를 읽고 거기에 대해 잘 적응하고 활용할 수 있어야 한다. 그렇지 않으면 한 방에 훅 갈 수 있다. 봉변을 당한다는 말은 바로 변화에 적응하지 못했을 때 쓰는 말이다. 예민한 촉수를 가지려면 여러 방법이 있지만 독서가 최선이다. 책을 읽으면 세상 변화를 읽을 수 있다. 세상에서 제일 대책 없는 리더는 둔감한 사람이다. 세상 변화를 읽지 못하는 사람들이다. 이에 관해서는 광고인 박웅현의 말이 도움이 되어 인용한다. "책을 많이 읽으면 온몸이 촉수인 사람이 된다. 책은 자신만의 발달한 감수성으로 우리를 예민하게 하고 숨겨진 촉각을 자극한다. 평소 못 봤던 것들을 보게 해준다. 읽은 책이 우리 머리를 주먹으로 한 대 쳐서 우리를 잠에서 깨우지 않는다면 도대체 왜 그 책을 읽어야 하는가? 책이란 우리 안에 있는 꽁꽁 얼어버린 바다를 깨뜨리는 도끼가 되어야 한다."

둘째, 리더는 시장을 예측할 수 있어야 한다. 남보다 먼저 시장을 읽고 거기에 맞춰 조직을 변화시킬 수 있어야 한다. 남보다 먼저 걱정하고 먹거리를 준비할 수 있어야 한다. 그렇지 못하면 위험하다.

한국은 반도체와 디스플레이 강국이다. 이 산업의 공통점은 제때 적절한 투자를 할 수 있어야 하는데 핵심은 미래 예측이다. 적절한 시기에 적절한 투자가 필수적이다. 이를 통해 성공한 사람이 미래에셋 회장 박현주다. 그는 한국 최초의 랩어카운트(종합자산관리 계좌)를 실시한 금융의 선구자다. 그는 예측력을 중시하는데 상당 부분은 독서에 힘입었다.

셋째, 리더는 소통하는 사람이다. 소통하는 걸 보면 그가 리더 자질이 있는지 대번에 알 수 있다. 커뮤니케이션의 핵심은 맥락 이해다. 상대가 하는 말의 요점이 무엇인지 파악하고, 그 요점을 자기 각도에서 말할 수 있어야 한다. 맥락 이해의 첩경은 독서다. 독서를 하면 맥락을 이해할 수 있고 질 높은 대화를 할 수 있다. 반면 책을 읽지 않으면 분위기 파악을 못해 봉창 두들기는 소리를 하다가 끝내 사람과의 소통 채널이 끊기게 된다.

종종 벽을 두른 듯한 리더들을 만난다. 이들은 자기만의 도그마에 빠져 다른 사람 말을 듣지 않는다. 자기 확신에 넘쳐 말이 되지 않는 결정을 한다. 상식적으로 말이 되지 않는 일이 매일 일어난다. 기업에서도 이런 일은 비일비재하다.

시장도 모르고, 사람도 모르는 독재자를 경영자로 앉혀 직원들을 죽음으로 몰고 가는 회사도 있다. 회사 역량 파악도 제대로 못한 채 엉뚱한 회사를 인수해 어려움에 빠지게 해놓고 애꿎은 직원을 자른다. 사실 본인만 물러나면 문제가 해결될 텐데. 모든 사람이 잘못이라고 생각하는 결정을 밀어붙이고 그 일로 회사가 어려워지자 직원들에게 화살을 돌려 직원들을 괴롭히는 사람도 있다. 어떻게 저런 사람이 저런 높은 자리에 앉아 있는지 알다가도 모를 일이다.

만약 이런 사람들이 책을 읽는다면 어떤 일이 벌어질까? 이들에게 책을 읽힐 수 있다면 리더를 바꾸고 나아가 조직을 바꿀 수 있지 않을까? 어떻게 하면 이들에게 책을 읽히고 그에 대한 생각과 의견을 나눌 수 있을까? 내 최대 관심사 중 하나다.

변화를 이끄는 힘은 독서에서 나온다. 책이 사람을 바꾸는 것이 아니라 바뀌려고 하는 사람이 책을 찾는다. 평생 책을 읽지 않는 사람은 시간적으로나 공간적으로 자기만의 세상에 감금당한 꼴이다. 지식이 있다고 리더가 되는 것은 아니지만 지식 없이 리더가 되는 것은 불가능하다.

"모든 독서가(reader)가 다 지도자(leader)가 되는 것은 아니다. 그러나 모든 지도자는 반드시 독서가가 되어야 한다." 해리 트루먼의 말이다. 리더가 되려는 자는 반드시 책을 읽어야 한다. 리더가 된 자 역시 책을 읽어야 한다. 혼자만 읽지 말고 같이 읽고 책 내용을 중심으로 이야기를 할 수 있어야 한다. 책에서 길을 찾아야 한다.

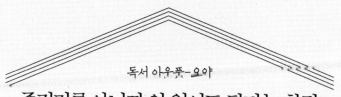

줄거리를 아니까 안 읽어도 된다는 착각

《독서력》(사이토 다카시 지음, 황선종 옮김, 웅진지식하우스, 2015)

어떤 책을 얼마나 많이 읽는가? 왜 읽는가? 읽은 다음 어떻게 하나? 혹시 북 리뷰를 보고 책을 읽었다고 생각하는 것은 아닌가? 나는 북 리뷰를 쓰는 게 직업이다 보니 책을 많이 읽는다. 어떻게 책을 읽어야 할지, 어떻게 요약해야 할지를 늘 고민한다. 내가 쓴 북 리뷰를 본 누군가가 그 책에 흥미를 갖고 읽고 싶은 마음이 들게 하는 것, 나아가 다른 책으로 관심이 확장되게 하는 것이 궁극적인 나의 바람이다. 북 리뷰를 읽고 책을 다 읽었다고 생각한다면 유감일 뿐이다. 오늘은 이와 관련하여 사이토 다카시의 《독서력》을 소개한다.

사람이 책을 만들고, 책이 사람을 만든다는 말이 있다. '오늘의 나'를 만든 것은 독서라고 이야기하는 사람들도 있다.

전적으로 동의한다. 뭔가 고집스럽고 외골수고 하나의 교리만을 주장하는 사람들은 대부분 독서를 하지 않거나 하더라도 특정한 책만 읽는다. 어느 지점에서 사고가 정지되어 있다. 자신의 것을 제외하고는 인정하지도 받아들이지도 않는다. 독서를 많이 하면 그런 독단에 쉽게 빠지지 않는다. 독서는 이해의 폭을 넓히고 복잡성을 받아들이는 포용력을 키운다.

현대인은 홀로 있는 시간이 적다. 독서는 혼자 있게 하고 나 자신과 마주서게 한다. 독서를 하다 보면 자신도 모르게 자꾸 질문을 하게 된다. '나는 누구인가?', '내가 정말 하고 싶은 것은 무엇인가?', '나는 발전하고 있는가?'라는 질문을 던지게 된다. 보통 사람에게는 고통이지만 인간은 이런 시간을 통해 발전한다.

독서는 고통을 극복하게 하고 삶의 활력을 준다. 살아가는 힘은 자신을 긍정하는 데에서 나온다. 소년범죄를 일으키는 아이들 대부분은 어렸을 때부터 칭찬받은 경험이 별로 없다고 한다. 실연, 사별, 낙방 등 괴로운 경험을 했다고 해도 그보다 더 비참한 경험을 한 사람의 책을 읽으면 자신의 경험 따위는 대수롭지 않게 생각할 수 있다. 위로받을 수 있다.

독서를 하면 인간에 대한 이해의 폭이 넓어진다. 독서를 통해 다양한 인간상을 미리 만나기 때문에 현실에서의 관계가 매끄러워진다. 포용력이 갖추어져서 자신과 다른 사고방식을 가진 사람을 봐도 거부하기보다는 받아들이고 사귈 수 있다.

독서로 단순히 지식만 얻는 것이 아니다. 문장을 듣고 이미지, 소리, 냄새 등을 상상하는 일을 통해 이미지화 능력을 길러준다. 또한 독서는 소통능력과 문장력도 길러준다. 말 잘하는 사람이 글도 잘 쓰게 되고, 글 잘 쓰는 사람이 말도 잘하게 된다.

독서에서 중요한 것은 책 선택이다. 책은 자꾸 읽어야 좋은 책을 고르는 안목이 발달한다. 책을 많이 읽게 되면 안목이 발달해 더욱 좋은 책을 읽게 되지만, 반대로 책을 안 읽던 사람이 오랜만에 책을 읽으려 하면 이상한 책을 선택해 독서에 대한 흥미를 없앤다. 책은 자신이 직접 골라 제 돈 주고 사서 읽어야 한다. 그래야 그 안에 실려 있는 말이 몸속에 보다 더 쉽게 스며든다.

책에 밑줄도 긋고 메모도 해야 한다. 한 저자의 책을 여러 권 읽는 것도 좋은 방법이다. 그렇게 하면 그의 인격이나 생각이 내면으로 스며들어온다. 한 저자가 계기가 되어 책의 그물망이 점점 확대된다. 책이 책을 부른다. 한 권을 읽으면 다음에 읽고 싶은 책이 또 생기는데 그것이 독서의 묘미다. 책장을 바라보는 것도 독서다. 읽은 책이든 읽지 않은 책이든 방에 오랫동안 놓아두면 자신의 책이 된다.

독서력이 있다는 것은 독서 습관이 배어 있다는 뜻이다. 별 부담 없이 책을 잡고 일상 속에서 자연스럽게 읽을 수 있는 것이 독서력이다. 하지만 그냥 한 번 읽었다고 내 것이 되는 것은 아니다. 책을 진정으로 내 것으로 만들기 위해서는 요약할 수 있어야 한다. 책을 요약할 수 없으면 어떤 의미에서 진정으로 독서한 것은 아니다. 독서를 한 후 "그런데 어떤 내용이었지?"라는 물음에 답할 수 있다면 다른 사람에게는 물론 자신에게도 도움이 된다. 독서력이 있는 사람은 짧은 시간에 정확하게 핵심 내용에 밑줄을 그을 수 있다. 빨리 읽되 정확하게 내용을 파악할 수 있다. 이것이 효율적인 독서법의 핵심이다.

좋은 책은 읽는 사람을 자신도 모르게 그 책에 빨려 들어가게 한다. 자신의 경험과 저자의 경험, 자신의 뇌와 저자의 뇌가 혼재해 있는 듯한 느낌이 바로의 독서의 진미다. 나는 박완서나 최인호의 수필을 읽었을 때 그런 경험을 한다. 다른 사람과 본질적인 부분을 공유해보는 것은 정체성을 형성

고수의 독서법을 말하다

하는 데 핵심적인 역할을 한다. 다른 사람과 본질적인 부분을 공유하면서 자신의 일관성을 지니는 것이 자아를 확립하고 정체성을 확인하는 요령이다.

책을 읽고, 요약하고, 요약한 내용을 전달하는 일은 정말 행복하고 보람 있는 일이다. 독서를 통해 스스로 점점 성장함을 느낀다. 그 누구보다 독서의 효용을 체감하는 사람은 바로 나 자신이다. 독서에 대해 새롭게 인식하고 싶다면《독서력》을 읽어보길 권한다.

2장

진짜 독서를
시작할 때

'알고 있는 것'과 '안다고 생각하는 것'의 차이

"사람이 책을 만들고, 책이 사람을 만든다." 독서와 관련해서 가장 유명한 격언이다. 참 좋은 말이지만 과연 이게 진실일까? 책만 읽는다고 다 괜찮은 사람이 될까?

책이 무조건 사람을 바꾸는 것은 아니라고 생각한다. 책을 많이 읽지만 별로인 사람이 많다. 바뀌려는 사람, 변화를 꿈꾸는 사람이 책을 읽고 바뀌는 것이다. 그래서 나는 이 격언을 "간절히 변화하려는 사람이 책을 읽을 때 비로소 변화는 시작된다."라고 바꾸고 싶다. 간절하지 않은 사람이 취미 삼아 건성건성 책을 읽는다고 변화가 일어나지 않는다. 책만 읽는다고 변화하는 것도 아니다. 책에서 보고 깨우친 걸 행동으로 옮길 때 비로소 변화가 일어나기 시작한다.

책을 '읽는 것'과 '읽어서 아는 것'과 '아는 것을 실천하는 일'은 완전 별개의 일이다. 대부분은 읽기만 한다. 거기서 끝난다. 일부는 읽고 고개를 끄덕인다. 나름 뭔가를 깨우친 것이다. 남들이 모르는 걸 자신이 아는 걸로 나아졌다고 생각한다. 책을 읽는 목적은 무언가를 알기 위해서다. 그걸 알고 써먹기 위해서 책을 읽는다. 이를 위해서는 우선 '아는 것'의 단계를 나눌 필요가 있다. 다음은 내가 생각하는 '아는 것'의 다섯 가지 단계다.

첫째, 한두 번 들어본 적이 있는 걸 말한다. 초보 단계다. 운동에 비유해보자. 내가 운동하는 이유 중 하나는 체지방을 줄이고 근육을 키워 건강한 몸을 만드는 것이다. 하나도 새로울 것이 없다. 나이가 들수록 근육이 중요하다는 건 늘 책이나 언론을 통해 귀가 아프도록 들었다. 그런데 사람들 대부분은 거기서 끝이다. '들어본 적이 있다'라고 해야지 엄격한 의미의 '아는 것'이 아니다. 그런데 대개의 사람들은 한두 번 들어놓고 안다고 착각한다.

둘째, 배운 것을 실천해 몸으로 변화를 느껴보는 단계다.

고수의 독서법을 말하다

실천은 두 가지로 나눌 수 있다. 하나는 한두 번 해보고 중단하는 것이고 또 다른 하나는 꾸준히 실천해 나만의 습관으로 만드는 것이다. 해보는 것이 안 해보는 것보다는 낫다. 하지만 몇 번 하고 그만두는 건 엄격한 의미의 아는 것이 아니다. 그건 그저 맛만 본 것이다. 며칠 운동하고 운동에 대해 말할 수 없고, 책을 서너 권 읽어보고 독서에 대해 말할 수 없다. 이는 마치 이유식을 먹어본 아기가 음식에 대해 평론하는 것과 같다.

셋째, 자신이 아는 걸 가르칠 수 있는 단계다. 오랫동안 실천하면 그것에 대해 사람들에게 설명할 수 있다. 설명도 두 가지로 나눌 수 있다. 하나는 이론적 배경 없이 자기 경험을 늘어놓는 설명이고 또 다른 하나는 자기 체험에 다양한 이론적 지식을 더한 논리 정연한 설명이다.

만약 거기에 대해 호소력 있게 설명할 수 있다면 그는 제법 아는 것이다. 이 정도 되면 뭔가 아는 사람이라고 할 수 있다. 그런 면에서 누군가를 가르치면 실력이 는다. 자신의 부족한 면도 알게 되고 체계적으로 공부하게 되고 책도 읽게 된다. 무언가를 제대로 알기 위해서는 누군가를 가르쳐보아야 한다. 그래서 교수들이 점점 유식해지는 것이다. 가르치다 보면 배우게 되고 배우다 보면 가르치고 싶은 것이다. 그

유명한 교학상장(敎學相長)이다.

넷째, 아는 것에 대해 평가하고 논하는 것이다. 알아야 평가하고 논할 수 있다. 회의에서 상사가 맨 마지막에 하는 역할이 바로 랩업(Wrap-up)이다. 회의를 들은 후 종합 정리하고 자기 의견을 이야기하는 것이다. 이게 회의에서 가장 중요하다. 그 사람의 마지막 논평이 그 사람의 수준이다. 그런데 올바른 랩업은 아무나 할 수 있는 일이 아니다. 전반적 사안에 대해 완벽하게 이해하고 남들보다 한 단계 위에 있어야 할 수 있기 때문이다.

최종 단계는 아는 것의 실천이다. 나는 '아는 것은 실천'이라 정의한다. 아는 걸 실천하지 않으면 아는 게 무슨 소용인가? 알면서 하지 않는 것보다는 모르지만 실천하는 게 낫다. 운동의 중요성을 백날 말로 떠드는 것보다 운동의 중요성은 모르지만 매일 운동하는 사람이 훨씬 낫다. 안다는 건 실천한다는 것이고, 실천하지 않는다는 건 모르는 것이다. 이쯤되면 함부로 안다고 떠드는 게 아닌지 두려워 아는 척하기를 자제하지 않을까.

고수의 독서법을 말하다

익숙하지 않은 것에
도전해보려는 마음

'트레바리'라는 스타트업이 있다. 클럽장이 주제를 선정하고 회원을 모집해 책을 읽고 토론을 하는 일종의 독서클럽 플랫폼 회사다. 트레바리 대표 윤수영은 '지식의 헬스장'을 지향하는데, 헬스장에서 운동을 하듯 트레바리에서 같이 책을 읽고 뇌 운동을 하자는 거다.

트레바리의 비전 '세상을 지적으로, 사람들을 더 친하게'는 지적인 사람으로 만들고 책을 같이 읽고 토론하면서 진정으로 친해지자는 의미다. 원칙은 간단하다. 똑같은 돈을 내고 나이, 직급, 남녀를 떠나 책을 읽고 논의하는 것이다. 지켜야 할 규칙은 하나뿐이다. 책을 읽고 토론 이틀 전까지 독후 감을 제출하지 않으면 참석할 수 없다. 간단하지만 매우 엄격한 규칙이다. 책을 읽지 않고 모임에 오는 사람들이 하나 둘 늘게 되면 독서클럽이 아닌 친목모임이 되기 십상이기 때문이다. 다음은 윤수영 대표의 철학을 요약한 것이다.

사람들은 흔히 실패하라는 말을 많이 하는데 거기서 이야기하는 실패가 무슨 뜻일까? 내가 생각하는 실패는 그냥 실패하라는 것이 아니다. 안전지대(safety zone)를 벗어나란 뜻이다. 익숙하지 않은 것, 싫다고 생각해 해보지 않은 것, 무관심 영역에 도전해봐야 한다. 그럼 시야가 넓어지고 좀더 개방되고 업그레이드된 자신이 될 수 있다. 방법은 비슷한 관심을 가진 사람들이 공통으로 책을 읽고 그 책을 통해 자기 생각을 말하고 다른 사람의 생각을 듣는 것이다.

책을 읽는다는 건 어떤 의미일까? 머릿속에 좋은 생각의 재료를 넣는 것이다. 좋은 재료가 있어야 좋은 생각을 할 수 있다. 정보의 시대라 정보는 차고 넘친다. 절대 부족하지 않다. 우리에게 부족한 건 정보의 소화능력이다. 그렇기 때문에 읽기보다는 쓰는 것이 중요하다. 읽은 것을 바탕으로 글 쓰는 게 우리의 지향점이다.

나도 그와 비슷한 생각이기에 그의 철학에 깊이 공감하는 바다. 공감 가는 부분과 그에 대한 내 생각을 더하면 이렇다.

첫째, 안전지대를 빠져나와 하기 싫은 것, 해보지 않은 것, 무관심한 것에 도전하라는 말에 공감한다. 소개할 책을 고를 때 나도 모르게 내게 익숙한 책을 선정하는 경우가 있다. 나도 모르게 편식을 한다. 그런가 하면 가끔 내가 고르지 않은 책을 소개해야 할 경우도 있다. 억지로 읽기 시작하는데 의외로 배우고 느끼는 게 많았다. 안전지대를 빠져나올 때 생각이 성장한다. 안전지대를 빠져나오는 독서법으로는 내 취향이 아닌 책을 골라 읽는 것, 읽은 내용을 다른 사람과 나누는 것 등이 있다.

둘째, 내가 생각하는 독서의 목적 중 하나는 생각의 원재료 공급인데 같은 생각이라 반가웠다. 일반적으로 생각하는 데 비용이 들지 않는다고 한다. 생각은 시간만 나면 누구나 할 수 있는 것이라고 말이다. 물론 어느 정도는 맞다. 그런데 정말로 좋은 생각은 공짜가 아니다. 좋은 생각을 위해서는 좋은 원재료가 필요하며 가장 좋은 원재료가 좋은 책이다. 눈을 번쩍 뜨게 해주는 책이 뇌에 스파크를 튀게 하고 좋은 생각을 만들어낸다.

셋째, 책을 통해 타인과 친해진다는 말에 크게 공감한다.

친하다는 게 뭘까? 같은 학교를 다니면, 같은 부모 밑에서 태어나면, 고향이 같으면 친한 것일까? 그는 친하기 위한 조건으로 관심과 가치관이 같아야 함을 들었다. 나도 그렇게 생각한다. 독서클럽을 하면서 같이 책을 읽고 같은 주제로 논의하면 그 사람이 어떤 사람인지 알 수 있다. 책을 통해 좋은 친구를 만들 수 있다.

트레바리 같은 회사가 많아져 우리 사회가 좀더 지적이고 사이좋은 사회가 되길 바란다.

고수의 독서법을 말하다

독서로 저자뿐 아니라
나 자신과도 대화한다

내 책을 읽은 사람들은 "읽고 있는데 마치 옆에서 목소리가 들리는 것 같아요."라는 말을 자주 한다. 아마 말하듯 글을 쓰기 때문이리라. 나로선 그보다 더한 찬사는 없다. 가문의 영광이고 큰 기쁨이다. 나 역시 책을 읽다 보면 저자가 내게 말하는 것처럼 느껴질 때가 있다. 때로는 저자의 표정이 그려지기도 한다.

내가 가장 존경하는 피터 드러커 박사의 《프로페셔널의 조건》이란 책을 읽을 때 특히 그랬다. 당시 상사와의 갈등으로 힘들었는데 '상사를 관리하라'는 제목의 챕터가 눈에 들어왔고 잽싸게 그 부분을 펼쳤다. '상사를 관리하다니? 난 한 번도 그런 생각을 해본 적이 없는데…. 상사가 나를 보살피고 관리해야지, 부하인 내가 어떻게 상사를 관리해? 그건 말이 안 되잖아'라고 생각했기 때문이다.

　내용은 이러했다. 첫째, 상사를 파악하라는 것이다. 읽으면서 깨닫는 스타일, 보면서 깨닫는 스타일, 말하면서 깨닫는 스타일이 있는데 당신 상사는 어떠냐는 것이다. 당시 내 상사는 무슨 말을 하면 자꾸 보고서로 내라고 해서 나를 힘들게 하는 '보면서 깨닫는 스타일'이었다. 무릎을 치게 됐다. 둘째, 불가원불가근이다. 너무 멀리하지도 너무 가까이하지도 말라는 것이다. 당시 나는 상사를 너무 멀리하고 있었다. 그 외에 상사를 격려하라, 상사의 약점을 건들지 마라 등 한 번도 생각하지 못한 조언이 있었다.

　책을 읽는 동안, 고민하던 일의 실마리를 찾아가는 동안 드러커 박사가 인자한 표정으로 전하는 진정 어린 조언이 들리는 듯했다. 책을 읽은 후 상사를 대하는 마음가짐이 달라졌다. 상사도 인간이고 격려받고 싶어 하고 상사 역시 자기의 일로 나보다 더 바쁘고 힘들 수 있다는 생각을 했기 때문이다. 그러자 상사와의 관계가 조금씩 개선됐다.

독서는 저자와의 대화다

피터 드러커, 스티븐 코비는 이 세상 사람이 아니지만 그들의 책을 읽다 보면 곁에 함께 있는 것 같다. 두 사람의 책을 읽으면서 얼마나 많은 위로를 받고 깨달음을 얻었는지 모른다. 만약 두 사람의 책을 읽지 않았으면 지금도 나만의 아집에 빠져 세상을 미워하고 있었을지도 모른다.

책은 혼자 읽는 것이지만 혼자 있는 것은 아니다. 감명 깊게 읽고 있는 그 책을 쓴 저자와 함께 있는 것이다. 데카르트는 "좋은 책을 읽는 것은 과거 가장 뛰어난 사람들과 대화를 나누는 것과 같다."라고 했다. 뛰어난 사람과의 만남은 늘 나를 자극한다. 내가 부족하다는 깨달음을 준다. 매일 그런 사람과 시간을 보내는 사람과 생전 그런 사람 냄새도 못 맡고 지내는 사람은 차이가 있지 않을까?

독서는 사고 확장 도구다

독서는 인간에 대한 이해의 폭을 넓혀준다. 책을 읽으면 저자의 인생을 대충이나마 알게 되고 간접적으로 경험해볼 수 있다. 인간은 시간과 공간의 제약 속에 살기 때문에 경험에 한계가 있다. 모든 사람을 다 만나볼 수도 없다. 하지만 책을 통해 다른 사람의 삶을 엿봄으로써 사람에 대한 이해의 폭을 넓힐 수 있다. 이해의 폭이 좁은 사람은 자신과 조금만 달라도 거부하고 미워한다. 사회생활에서 사람을 이해하는 능력의 중요성은 아무리 강조해도 지나치지 않다. 독서는 자신과 다른 사고방식을 가진 사람과 만나도 대뜸 거부하는 대신 여유롭게 사귈 수 있는 포용력을 길러준다.

독서는 나와의 대화다

독서는 책을 읽는 것 같지만 사실 나를 읽는 행위다. 많은 사람이 자신과의 대화를 거부한다. 괴롭기 때문이다. 책을 통해 저자의 생각을 읽으면서 저절로 나를 돌아보게 된다.

'나는 누구인가?', '잘 살고 있는가?', '이게 내가 원하는 삶인가?', '이렇게 살다 죽어도 여한이 없는가?', '지금 하는 일이 정말 내가 하고 싶은 일인가?', '그렇지 않다면 난 어떤 일을 하고 싶은가?' 같은 근원적인 질문을 던지게 된다. 저자의 생각이 내 뇌를 자극해 여러 생각을 하게 되는 것이다. 지금까지의 나 자신을 돌아보며 반성하고 배우고 깨달으며 나도 모르게 성장한다.

독서는 생각의 미끼다

독서는 지적으로 자극을 준다. 좋은 생각은 절대 공짜가 아니다. 좋은 생각이란 언젠가 보고 듣고 경험했던 일들이 잠재의식 속에 있다가 자극을 받으면서 살아나는 것이다. 책을 읽지 않는다는 건 미끼 없이 낚시를 하려는 것과 같다. 미끼가 없어도 아주 가끔은 고기가 잡힐 수 있지만 확률은 지극히 낮다. 독서는 저자의 생각을 미끼로 사용해 내 생각을 낚는 것이다. 저자의 생각을 읽는 것 같지만 사실 내 생각을 파헤치는 것이다. 앉아서 하는 내 마음속 여행이다. 책 만한 지적 자극이 어디 있을까. 책은 늘 나를 자극해 내 안 깊은 곳에 숨어 있는 생각을 끄집어낸다.

독서는 뇌를 단련시키는 행위다

독서를 하면 뇌에 근육이 생기고 독서를 하지 않으면 뇌 근육이 풀려 흐물흐물한 사람이 된다. 눈은 겉으로 드러난 두뇌다. 반짝이는 눈을 가졌다는 건 뇌가 그만큼 단련되어 있다는 증거다. 그래서 난 반짝이는 눈을 가진 사람을 좋아한다. 독서를 하면 눈이 반짝이게 되고 독서를 하지 않으면 눈이 흐릿해진다. 자극을 받아 호기심이 생기면 열심히 책을 찾아 읽으면서 선순환이 일어난다.

나이가 들면서 기억력이 가물가물해진다는 말을 한다. 난 이 말에 동의하지 않는다. 나이가 들어서가 아니라 책을 읽지 않아 뇌 근육이 빠져서라고 생각하기 때문이다. 나이가 들수록 더욱 책을 읽고 뇌에 영양분을 공급해야 한다. 밥을 먹어 몸에 영양분을 공급하듯 책을 읽어 정신에 양식을 공급하는 것이다.

뭐든 관리해야 좋아진다. 관리하지 않으면 망가진다. 옥불탁불성기 인불학부지도(玉不琢不成器 人不學不知道)는 '옥은 다듬지 않으면 그릇이 될 수 없고 사람은 배우지 않으면 도를 알지 못한다'는 말이다. 여기서 나는 '학(學)'의 핵심을 독서라고 본다. 독서하지 않으면 도를 알지 못한다. 절차탁마(切磋琢磨)는 '자르고 쪼고 갈아야 한다'는 말인데 사람도 그러하다. 사람은 그냥 놔두면 망가진다. 운동하고, 독서하고, 글 쓰고, 끊임없이 자기를 갈고닦아야 하는데 그중 독서가 중심이다.

읽지 않으면 망가진다. 내가 좋아하는 칼럼니스트 조용헌은 팔자를 바꾸는 최선의 방법으로 독서를 권한다. 그는 일이 안 풀릴 때 괜히 싸돌아다니지 말고 조용히 책을 읽으면서 안을 채우라고 말한다. 1만 권의 책을 읽으면 독서가 기도이고 명상이기 때문에 따로 기도와 명상을 할 필요가 없다고. 이쯤 되면 책을 읽을 마음이 생겼는가?

독해가 된다고 해서
독서력이 같을 수는 없다

    머리가 좋은 사람, 체력이 좋은 사람, 감성적인 사람 등 저마다 잘하는 게 다르다. 이때 나름의 측정 지표로 잘함 정도를 판단한다. 가령 머리가 좋고 나쁘고를 판단할 때에는 IQ를, 체력이 좋고 나쁘고를 판단할 때에는 평소 운동량을, 감성적이고 아니고를 판단할 때에는 EQ를 측정 지표로 삼을 수 있다. 나는 사람을 만나면 측정 지표로 삼는 게 하나 있다. 바로 독서력이다.

당신의 독서력은?

사람마다 독서력은 천차만별이다. 단계별로 살펴봤을 때 가장 낮은 단계의 독서력을 가진 사람은 난독증이 의심될 정도로 거의 글을 읽지 못한다. 책이든 뭐든 텍스트를 보면 질색한다. 아주 짧은 SNS 메시지나 네이버 제목만을 겨우 읽는다. 조금만 길어지면 읽을 생각을 하지 않는다.

그다음 단계의 독서력을 가진 사람은 안내문 정도의 아주 쉬운 몇 줄의 글을 간신히 읽고 이해한다. 초등학교 1, 2학년 수준의 문해력이다. 그다음 단계는 중고등학생 수준으로 탐정소설이나 연애소설 같은 쉬운 책은 그런대로 읽을 수 있지만 조금만 어려운 단어나 개념이 나오면 바로 잠이 쏟아지는 수준이다. 당연히 늘 고만고만한 의식 수준에 머문다.

난 독서모임을 하면서 사람마다 독서력 차이가 있음을 절감했다. 겉으로 보기엔 멀쩡해 보여도 사람마다 편차가 크다. 어떤 이는 어려운 책도 척척 읽고 금세 요약해 자기 의견을 내는데 어떤 사람은 쉬운 책도 이해하기 어렵다며 불평한다. 그래서 난 독서모임을 수준별로 만들었다. 초보자를 위한 모임, 일정 수준에 오른 사람을 위한 모임, 마지막은 글까지 쓸 수 있는 사람을 위한 모임.

IT발달이 급속도로 진행된 데에 반비례해 문해력은 급격

고수의 독서법을 말하다

히 낮아진 듯하다. 성인 중에도 초등학교 1, 2학년 수준의 독서력을 가진 사람이 많다. 활자가 눈에 들어오지 않고 책만 보면 자꾸 딴생각을 하고 졸음이 쏟아지고 도대체 무슨 말인지 알 수가 없는 건 독서력이 낮기 때문이다.

당신의 독서력은 어떤 수준인가? 만약 독서력이 낮다면 이유는 뭐라고 생각하는가? 최근 당신의 고정관념을 깨부순 책이 있는가? 새로운 분야의 책을 열심히 찾아서 읽고 있는가? 아니면 최근 몇 년간 책과는 담을 쌓고 살았는가?

사이토 다카시는《독서력》에서 독서력을 치아와 비유해 설명한다. 보통은 이유식 수준이다. 이유식은 치아가 없는 아기들이 먹는 음식이다. 씹을 게 없다. 대부분 액체로 되어 있다. 다음은 젖니 수준이다. 읽기 쉬운 글을 읽는 수준이다. 추리소설, 역사소설, 잡지, 단편소설 등이 거기에 해당한다. 마지막은 영구치 수준이다. 단단한 이빨로 씹기 힘든 음식을 먹을 수 있다. 그가 이야기하는 결론은 명확하다. 독서는 머리로 하는 것이 아니라 지금까지 축적된 독서량으로 하는 것이다. 독서의 세계에서는 꾸준함이 힘이 된다. 그런 의미에서 독서는 장거리 달리기와 비슷하다.

독서력이 높은 사람은?

독서력이 높은 사람은 다음의 여섯 가지 능력도 뛰어나다. 책을 읽고 독서력이 높아지면 여섯 가지 능력도 함께 상승하기 때문이다.

첫째는 정보 분별력이다. 쓸모 있는 정보와 쓸모없는 정보를 구분하는 능력이다. 옷을 자주 사는 사람은 패션 감각이 좋다. 척 보는 순간 저 옷이 자신에게 어울리는지 아닌지 판단한다. 아내는 패션 감각이 좋다. 나는 도대체 그 많은 옷 중 어떤 옷을 골라야 좋을지 판단이 서지 않는데 아내는 척척 막힘이 없다. 마찬가지로 생전 책을 사지도 읽지도 않는 사람은 어떤 정보가 제대로 된 정보인지 알기 어렵다. 그러다 자칫 정보의 홍수 속에서 정말 필요한 정보를 고르지 못한 채 탈수증으로 죽을 수도 있다.

둘째는 문해력이다. 글자 그대로 문장을 해석하고 해독하는 능력이다. 저자가 무슨 의도로 글을 썼는지를 읽고 해석하는 능력이다. 문장과 문장 사이에 숨겨진 의도를 파악하는 능력이다. 독서와 관련해 가장 중요한 능력이다. 핵심을 집어내는 능력, 문단을 나누는 능력, 정말 중요한 것과 덜 중요한 것을 구분하는 능력, 비판하는 능력, 적절치 않은 사례를 골라내는 능력, 저자의 의견에 도전할 수 있는 능력을 포함

한다.

내가 생각하는 문해력은 텍스트를 보고 짧은 시간에 요점을 파악하는 능력이다. 어느 책에선가 한국인의 문해력이 OECD국가 중 꼴찌란 내용을 본 적이 있다. 문해력은 독서량과 관련이 깊은데 워낙 한국인이 책을 안 읽기 때문이란다. 문해력이 약하면 절대 고급스런 일은 할 수 없다.

셋째는 기억력이다. 독서를 한 후 그 책을 읽었다는 것 외에 아무것도 기억할 수 없다면 그건 읽은 게 아니다. 읽은 내용을 머릿속으로 떠올려보고 중요 내용은 필사하면 좋다. 또 책 내용을 주변 사람에게 설명해보는 것도 좋다. 낭송하는 것도 도움이 된다.기억한 걸 실천하면서 몸에 배게 하면 더욱 좋다.

넷째는 요약력이다. 요약이란 핵심을 뽑아내고 나머지는 과감하게 버리는 것이다. 책을 제대로 읽었다면 내용을 줄이고 또 줄여 몇 줄로 요약할 수 있다. 모든 내용이 중요해 요약할 수 없다는 말은 아무것도 중요한 게 없다는 말과 비슷하다. "책을 많이 읽을수록 독서력은 기하급수적으로 강화된다. 독서광이라 불리는 사람들은 한눈으로 여러 대목을 살피며 읽어내고 요점만 잘도 골라낸다. 필요한 대목을 스스로 활용할 수 있다." 에드가 알렌 포의 말이다.

다섯째는 상상력이다. 상상력을 기르는 최선의 방법은 독서다. 텍스트를 읽으면서 이미지, 소리, 냄새까지 상상하는 것이다. "독서는 내게 많은 정보를 주었다. 그러나 독서가 준 더 큰 유익은 내 상상력을 늘 자극한다는 것이다. 나는 독서를 통한 상상력으로 오늘의 싱가포르를 만들었다. 지금의 싱가포르는 원래 내가 책을 읽으며 했던 상상이 하나의 실체로 나타난 것일 뿐이다." 리콴유의 말이다.

여섯째는 논평력이다. 누군가의 이야기를 듣고 논평하는 일은 어렵지만 중요하다. 전체를 파악하고 본질을 이해하고 자기 의견이 있어야 가능한 일이다. 일을 잘하는 사람은 논평이 다르다. 독서도 마찬가지다. 책을 읽고 그에 대해 자기 의견을 낼 수 있어야 한다. 무엇이 핵심이고, 좋은 점은 무엇이고 아쉬운 점은 무언지를 일목요연하게 설명할 수 있어야 한다.

교양은 독서력에 비례하고 독서력은 독서량에 비례한다. 독서력은 축적이다. 갑자기 좋아지거나 갑자기 나빠지지 않는다. 시간이 많이 걸린다. 난 20년 이상 책을 읽고 소개하는 일을 하고 있다. 독서력이 무엇인지 이제 조금은 알 것 같다. 독서력이 좋아지면 여러 가지 좋은 점이 많다. 하지만 이를 정확히 표현하는 데 한계를 느낀다. 독서의 효용은 남에게 백 번 듣는다고 해서 이해할 수 있는 게 아니기 때문이다. 실제 책을 읽으며 점차 스스로 깨달아야 한다.

독서의 임계점을 지나면서
변화가 시작된다

지금 하는 일이 나를 변화시킨다고 느낄 때 그 일에 재미를 품게 되고 습관화가 시작된다. 만약 무언가를 계속했는데도 변화가 느껴지지 않는다면 지칠 테고 점점 그 일을 안 할 이유를 찾지 않을까. 운동이 그렇고 독서가 그렇다. 사람들이 독서를 하지 않는 이유와 운동을 하지 않는 이유는 같다. 남들이 좋다고 해서 몇 번 했는데 힘만 들고 재미도 없고 뭔가 얻는 게 없다고 생각하기 때문이다.

고수의 독서법을 말하다

임계점을 넘어야 비로소

무엇이든 변화를 느끼려면 임계점을 넘어야 하는데 거기까지 가기가 쉽지 않다. 하루 한 시간 정도를 걸으면서 몸에 변화가 일어나길 기대하는 사람들이 있다. 아예 걷지 않는 것보다는 낫겠지만 한 시간 정도 슬슬 걷는 걸로 극적인 변화를 기대할 수 있을까?

임계점을 넘어야 비로소 변화를 실감할 수 있다. 한 달에 한두 권의 책을 읽으면서 변화가 일어나길 기대하는 사람이 있다. 아예 분서갱유하고 책 읽기를 끊은 사람보다는 낫겠지만 그 정도의 독서량으로는 변화가 일어나진 않는다.

내가 본격적으로 책을 읽기 시작한 건 2000년 즈음부터다. 그전에도 책을 안 읽은 건 아니다. 무협지도 좋아하고, 추리소설도 좋아하고, 박완서의 소설도 좋아했다. 하지만 본격적으로 책을 읽기 시작한 건 공학도에서 컨설턴트로 직업을 바꾸면서다. 1998년쯤 IBS컨설팅이란 작은 컨설팅펌에 들어갔는데 그 회사에는 경영학 관련 책과 강연 테이프가 많았다. 경영 쪽에 무지했던 난 마른 스펀지가 물을 빨아들이듯 관련 책을 읽었다.

당시 BPR이 유행이었다. 'Business Process Reengineering'의 약자인데 공학을 경영학에 응용해 만든 단어다. 경영학에 엔지니어링이란 단어를 쓴 게 신기했다. 불필요한 프로세스, 겹치는 프로세스를 단축해 리드타임을 줄여 생산성을 올리는 개념이다. 공장 경험을 몇 년 한 내게 이 말은 신선했다. 이미 했던 일, 하고 있던 일을 새롭게 재정의했기 때문이다. 마이클 포터 교수의 경쟁 모델도 재미있었다. 경쟁 우위를 다섯 가지 요소로 나누어 하나하나 분석하는 게 마치 공학을 벤치마킹하는 것 같단 생각도 들었다.

그러다 세리시이오에 책을 소개하면서 불이 붙었다. 처음에는 경영학 책 위주로 읽었는데 차츰 스펙트럼이 다양해졌다. 고현숙 교수가 새롭게 들어오면서 난 인문학 책 위주로 읽고 소개하고 있다.

꼬리에 꼬리를 무는 변화

물은 100℃에서 끓기 시작하는데 그전에는 아무 반응이 없다. 마찬가지로 꾸준히 책을 읽어도 당장은 별다른 변화를 느끼기 어렵다. 임계점을 돌파하는 순간 변화가 일어난다. 일단 변화가 일어나기 시작하면 그 변화에 스스로 놀라게 될 것이다.

요즘 내가 그렇다. 난 몇 년 전 '독서 임계점'을 돌파한 것 같다. 몇몇 변화를 실감했기 때문이다. 우선 강연의 질이 달라졌다. 어떤 주제에 대해 이야기하다 나도 모르게 그와 관련된 다양한 이야기가 술술 나온다. 누군가 주제를 주면 그에 관한 내 생각, 사례, 격언 등이 꼬리에 꼬리를 물고 이어져 나온다.

그다음은 저술이다. 2019년 한 해에 난 다섯 권의 책을 냈다. 이미 출판사에 원고를 넘겨 출간 예정인 도서도 몇 권 있다. 그리고 지금도 책을 집필 중이다. 너무 많은 책을 내는 것 아니냐고 비판할지도 모르겠다. 그래도 어쩔 수 없다. 자꾸 다양한 주제에 대한 아이디어가 샘솟아서 흘려버리지 않으려면 당장 풀어낼 수밖에 없다. 난 이런 변화가 20년간 쌓아온 독서력이 일으킨 결과라고 생각한다. 많은 경험과 책에서 얻은 지식들이 종으로 횡으로 엮이고 연결되면서 나도 모르게 다양한 아이디어가 나오는 것 같다.

보통 사람이 책 소개가 직업인 나와 같은 양의 책을 읽기는 어려우리라. 하지만 삶의 변화를 원한다면 일부러라도 시간을 내어 몇 년간은 집중적으로 책을 읽어야 한다. 핵심은 임계점이다. 반응이 일어날 때는 임계점을 넘기면서부터다. 독서전문가 박상배는 임계점의 기준을 300권이라 말한다. 매주 두 권을 읽으면 3년이 걸리는 권수다. 난 이 숫자에 동의한다. 제대로 된 책을 매주 두 권씩 효과적으로 읽어보라. 그리고 당신의 뇌에서 어떤 일이 일어나는지 관찰하라. 틀림 없이 긍정적 변화가 일어날 것이다.

아웃풋으로 이어지는 독서가
진짜다

세상에 정해진 답은 없다. 이는 내 신념 중 하나다. '어떻게 읽을 것인가'도 정해진 답은 없다. 상황이나 목적에 따라 달라진다. '어떻게 읽을 것인가'에 대해 여러 사람의 생각을 나열하고 마지막으로 내 생각을 정리해보았다.

독서법은 다양하다

우아한형제들 대표 김봉진의 생각을 우선 보자. 그가 쓴《책잘 읽는 방법》에 나온 내용이다.

"2~3년 여러 권의 책을 읽다 보면 비슷한 이름, 주제, 단어, 현상, 논문이 나오고 눈에 하나씩 들어오게 되죠. 저는 이걸 '지식의 거름망'이라고 해요. 처음에는 거름망 자체가 엉성해서 어떤 지식이나 지혜도 숭숭 빠져나가버리죠. 그런데 독서를 꾸준히 하다 보면 어느 순간 '맞다, 그때 어디서 이 내용을 봤는데', '아, 그 이야기가 이렇게 해석되는구나' 하고 이해되는 순간이 있어요. 지식의 거름망이 조금씩 촘촘해지고 있는 거지요. 그러니까 처음부터 너무 부담 갖지 않아도 돼요. 많이 읽고 훈련하다 보면 누구든 촘촘해질 수 있거든요."

처음부터 책을 잘 읽을 생각을 하지 말고 자꾸 읽어야 지식의 거름망이 촘촘해지면서 더 잘 읽게 된다는 것이다. 읽어본 사람만이 알 수 있는 일이다. 일단 많이 읽어야 어떻게 읽을지를 생각하게 된다. 분서갱유한 사람에겐 해당하지 않는 일이다.

독서 하면 빼놓은 수 없는 사람 중 한 명이 공병호 소장이다. 누구에게도 뒤지지 않는 독서력을 바탕으로 좋은 책을 많이 썼고 지금도 쓰고 있다. 그의 독서 8계명을 소개한다. '세상이 아무리 바뀌어도 지식의 원천은 역시 책이다', '본전 생각으로부터 자유로워야 한다', '20퍼센트 내외의 핵심은 저자 서문, 목차, 결어 및 초기의 핵심 장에 숨어 있다', '구

고수의 독서법을 말하다

입한 즉시 혹은 24시간 내에 책의 핵심 부분을 읽어라', '책은 무자비하게 대하라', '중요한 문장이나 내용은 펜으로 마음껏 표기하라', '중요한 내용이 남긴 페이지의 모서리를 다양한 방식으로 접어라', '인상 깊게 읽었던 책은 가까운 곳에 두고 이따금 펴보라'가 그것이다.

군터 카르스텐이 쓴 《기억력》도 소개한다. 책에는 길고 복잡한 텍스트를 장기기억으로 데려가는 'PQ5R'이란 7단계 소화과정이 나와 있다. 첫째, 미리보기(Preview)다. 텍스트 전체를 미리 보면서 주제, 구조, 중점을 대충 파악한다. 목차와 제목은 반드시 확인하고 색인도 읽는다. 미리보기는 독서에 불을 붙이는 점화효과가 있다. 둘째, 질문하기(Questioning)다. 미리 본 텍스트에 관해 질문을 던져본다. 답을 기대하며 텍스트를 읽는다. 질문하기는 호기심 모드로의 변환이다. 셋째, 읽기(Read)다. 사전 준비를 하면 무작정 읽는 것보다 효과적이다. 미리 준비한 질문에 대한 이야기가 있는지도 확인할 수 있다. 넷째, 깊이 생각하기(Reflect)다. 이성이 활동을 개시하는 단계다. 집중적으로 텍스트에 대해 비판적으로 생각하면서 새로운 정보를 서로 연관시키고, 논리를 파악하며, 관련 사례와 비유를 찾는다. 장기기억 속 정보를 활용하고 떠오른 질문을 적는다. 다섯째, 낭독(Recite)이다. 희미한 기억이 단단해지고, 지식의 구멍이 드러난다. 여섯째, 요약하기 (Recapitulate)다. 중요한 사실이나 인식의 요점을 자기 말로 간결하게 정리한다. 일곱째, 다시 떠올리기(Repeat)다. 장기기억을 위해 복습은 필수적이다.

아웃풋을 전제로 한 독서

내가 생각하는 독서법의 핵심은 아웃풋을 전제로 읽는 것이다. 여기서 아웃풋은 나만의 확실한 목표를 말한다. 배운 것을 습관화하는 것일 수도 있고, 읽은 것을 직원들에게 가르쳐 직원들의 역량을 향상시키는 것일 수도 있고, 문제 해결일 수도 있고, 자신의 지식 창고를 채우기 위해서일 수도 있고, 읽은 걸 바탕으로 글을 쓰는 것일 수도 있다. 아웃풋을 전제로 다음을 유념하며 읽는 것이 내가 생각하는 독서법이다.

첫째, 처음부터 끝까지 읽어야 한다는 고정관념을 버려야 한다. 읽지 않은 책에 대한 죄책감도 내려놓자. 이게 정말 중요하다. 만약 사놓고 읽지 않은 책에 대해 죄책감을 가졌다면 난 감당할 수 없었을 것이다. 너무 많기 때문이다. 읽히지 않는 책, 내가 원하지 않는 책은 과감히 덮어야 한다. 필요한

고수의 독서법을 말하다

경우는 발췌해서 읽고 나머지는 과감하게 잊어야 한다. 맺고 끊는 게 중요하다. 이때 책을 읽지 않는 건 내 잘못이 아닌 저자이 잘못이라고 생각하면 마음의 평화가 온다.

둘째, 샀으면 바로 읽어야 한다. 책도 음식처럼 유통기간이 있다. 싱싱할 때 바로 읽어야 한다. 뭐든 첫 느낌이 중요한데 책도 그렇다. 처음에 아닌 건 끝까지 아닌 경우가 많다. 앞부분을 읽다 아니다 싶으면 과감하게 포기하라. 첫 느낌이 괜찮은 책은 강요하지 않아도 다 읽게 된다.

셋째, 비판적으로 읽어야 한다. 저자는 전지전능한 사람이 아니며 저자의 말이 다 옳은 것도 아니다. 그러니 저자의 메시지를 다 받아들일 필요는 없다. 난 늘 객관적이고 비판적인 시각을 유지하려고 노력한다. 의심도 자주 한다. '누구 입장에서 쓴 것일까?', '여기에 이 사례가 적절할까?', '이 사람이 전하려는 메시지는 무엇일까?' 등을 생각한다. 어떤 책이든 잡혀 먹히는 게 아니라 잡아먹겠다는 마음으로 읽는다.

넷째, 읽는 것보다 기억하는 게 중요하다. 이를 위해서는 책을 함부로 다뤄야 한다. 줄도 긋고, 접기도 하고, 포스트잇도 붙이고, 내 의견도 적고…, 거칠게 읽은 후 그 책의 내용을 요약해야 머릿속에 입력할 수 있다. 필사를 하면 시간은 걸리겠지만 책 내용을 좀더 잘 기억할 수 있다. 그냥 눈으로만 읽은 책은 나중에 읽었는지조차 가물가물할 수 있다. 요약하고 필사해보고 나아가 서평까지 쓴 책은 기억에 오래 남는다.

다섯째, 읽은 책에 대해 자꾸 이야기해야 한다. 난 좋은 책은 읽으면 여러 사람에게 이야기한다. 또 다른 하나는 독서 토론회를 하는 것인데 혼자 읽을 때와는 완전히 다른 경험을 할 것이다. 한 권의 책을 열 사람이 읽고 그에 대해 이야기를 나누면 열 가지 다른 이야기가 아니라 그보다 더 엄청난 이야기들이 쏟아져 나온다.

여섯째, 사색의 시간이 필요하다. 책을 읽은 후에는 음미하는 시간이 필요하다. 슈바이처는 "독서는 단지 지식의 재료를 공급할 뿐이다. 그것을 자기 것으로 하는 것은 사색의 힘이다."라고 했다. 음식은 먹는 것만큼 소화와 흡수가 중요한데 독서도 그렇다. 그 책을 읽고 새롭게 깨달은 사실은 무엇인지, 이를 어떻게 행동으로 옮길지를 생각해 키워드를 수첩에 적고 자주 그에 대해 생각한다. 그럼 생각이 풍요로워지는 걸 느낄 수 있다.

가구는 존재 자체로 효용성이 있지만 책은 그렇지 않다. 읽고 소화하고 깨닫고 실천해야 한다. "책을 산다는 것은 좋

고수의 독서법을 말하다

은 일이다. 이와 함께 읽을 수 있는 시간까지 살 수 있다면 말이다. 그러나 사람들은 다만 책을 산 것만으로도 그 책의 내용까지 알게 된 깃으로 작각한다." 쇼펜하우어의 말이다.

일곱째, 읽은 책과 관련 있는 다른 콘텐츠를 함께 접하는 것도 좋다. 특히 역사물의 경우는 관련 영화, 유튜브, 세리시이오 같은 것을 보면 훨씬 기억에 오래 남는다.

책 읽기로
뇌를 재부팅하다

　나이 든 사람이 자주 하는 말로 "예전과 다르게 깜빡깜빡
한다", "돌아서면 잊어버린다"가 있다. 과연 그게 사실일까?
나이가 들면 머리가 나빠질까? 난 동의하지 않는다. 나이 들
수록 단기기억은 조금 나빠지는 것 같아도 전체적으로는 머
리가 좋아진다는 게 내 생각이다.

　단 전제조건이 있다. 공부를 많이 하는 경우에 한해서다.
나이가 들어 머리가 나빠졌다는 생각이 드는 건 머리를 사용
하지 않았기 때문이다. 계속 책을 읽고 글을 써서인지 오히
려 나는 나이가 들어 머리가 좋아진 것 같다. 사람 보는 눈도

　　　　　　　　　　　　　　　　　　　　고수의 독서법을 말하다

좋아지고, 판단력도 나아졌다. 예전보다 실수도 적게 한다.

뇌를 만드는 독서

뇌는 가소성을 가졌다. 말랑말랑하기 때문에 자꾸 쓰면 좋아지고 쓰지 않으면 나빠진다. 이와 관련하여 사카이 구니요시 교수가 쓴 《脳を創る読書(뇌를 만드는 독서)》라는 책을 소개한다. 이 책은 NHK 방송에서 방영한 〈확산하는 독서 제로, 일본인에게 무슨 일이?〉란 방송을 책으로 엮은 것이다. 간단히 요약해본다.

독서는 정보를 얻기 위한 행위가 아니다. 오히려 자기 내부에서 정보를 끌어내고 점검하는 행위다. 책을 읽기 위해서는 언어뿐 아니라 시각적으로 영상을 머릿속에 떠올리거나 과거의 체험을 비추어 생각해야 한다. 얻어낸 정보를 바탕으로 자기 생각을 구축하기도 한다. 그럼 뇌력이 활성화된다. 독서 대신 영상을 보면 이야기는 달라진다. 해상도가 높은 걸 볼수록 상상력은 떨어진다. 모든 것이 다 보이면 상상할 필요가 없기 때문이다. 영상만 보면 그걸 처리하기도 바빠 상상력을 발휘할 틈이 없다. 그렇다면 독서는 어떨까? 책을 읽고 해석하기 위해서는 적극적으로 움직여야 한다. 결론은 명확하다. 뇌를 자극하고 상상력을 키우는 데는 적극적인 독서가 필수다.

집중력, 균형 감각, 폭넓은 시야

독서를 하면 집중력과 균형 감각이 길러진다. 집중력은 매일 꾸준히 제한된 시간 속에서 일정량의 지식을 기억하거나 다양한 문제를 풀어야 단련할 수 있다. 균형 감각이란 자신과 책, 자신과 가족, 자신과 타인 등 세상 전체와 자신 사이에 적절한 거리감을 유지할 수 있는 능력이다. 별거 아닌 것에 걸려 넘어지는 건 주변 사물과 적절한 거리감을 몸으로 경험하지 못했기 때문이다. 독서를 통한 간접 경험은 세계관을 넓히는 데 큰 도움이 된다. 세계관이 넓어지면 다양한 관점에서 사물이나 타인을 볼 수 있어서 균형 감각이 좋아지고 타인에 대한 포용력이나 관용의 기초를 다질 수 있다.

독서를 하면 시야가 넓어진다. 특정 이슈에 대해 논의할 때 책을 안 읽는 사람은 현재 논의 중인 문제에 대한 정보만 갖고 이야기한다. 시야가 좁아 틀 밖을 생각할 수 없다. 주어진 틀 안에 갇혀 있다.

독서를 많이 한 사람은 수많은 저자의 지혜를 내 것으로 가져와 시야가 넓다. 옥석을 구분할 수 있고 쉽게 속지 않으

고수의 독서법을 말하다

며 결정의 선택지가 많다. 일정 수준 이상의 정보가 생기면 정보와 정보 사이를 나도 모르게 연결한다. 단순히 퍼즐조각을 맞추는 게 아니라 새로운 레고 블록을 조립하는 격으로 '편집력'이 좋아진다. 그러면 조합방법에 따라 선택지는 무궁무진해진다. 이때 정보 처리력과 편집력은 자전거의 두 바퀴와 같다. 정보량이 적으면 편집이고 자시고 할 수 없다.

여기에 더해 2019년 2월 25일 중앙일보에 실린 편집문화 실험실 대표 장은수는 칼럼 〈본래 산만했던 인간의 뇌, 책 안 읽으면 원시인처럼 된다〉에서 독서와 뇌의 관계에 대해 서술했다.

신경심리학자 매리언 울프의 《책 읽는 뇌》에 나오는 "인류는 책을 읽도록 태어나지 않았다. 독서는 뇌가 새로운 것을 배워 스스로를 재편성하는 과정에서 탄생한 인류의 기적적 발명이다."라는 문장을 언급하며 유전자에는 독서능력이 새겨져 있지 않으므로 아이를 책 읽는 아이로 훈육해야 한다고 말한다. 읽는 능력이 문명에서 가장 중요한 자질이며 독서는 외부세계와 격리된 채 자기 내면에 집중하는 몰입의 시간이라고 했다.

독서와 뇌의 관계에 대해 어떻게 생각하는가? 읽으면 좋지만 안 읽어도 상관없다고 생각하는가? 영상도 있는데 왜 활자를 읽어야 하느냐고 할지도 모른다. 독서는 뇌를 만든다. 독서하지 않고 영상만 보면 뇌는 퇴화한다. 독서를 통해 당신의 뇌를 재부팅하기 바란다.

고수의 독서법을 말하다

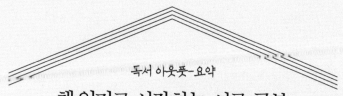

독서 아웃풋-요약

책 읽기로 시작하는 어른 공부

《지성만이 무기다》(시라토리 하루히코 지음, 김해용 옮김, 비즈니스북스, 2017)

요즘 어떤 공부를 하고 있는가? 어떤 책을 주로 읽는가? 예전에 비해 월등하게 발전한 게 있는가? 아니면 대학 졸업 후 별다른 공부 없이 지금까지 살아왔는가?

난 성공이란 말보다 성장이란 말이 좋다. 어제의 나보다 조금 나은 오늘의 나를 원한다. 기존의 나를 버리고 계속해 새로운 나를 만들어나가고 싶다. 그래서 지적인 사람이 되고 싶다. 끊임없는 성장을 위해 어른에게 책 읽기를 권하는 《지성만이 무기다》를 요약한다.

모든 것의 시작은 생각이다. 그 사람의 생각이 행동이 되고 행동이 습관이 되고 습관이 결국 그 사람이란 말을 자주 한다. 그만큼 생각이 중요하다. 그런데 어떻게 해야 제대로 된 생각을 할 수 있을까? 생각하려면 생각할 재료가 있어야 한다. 뭔가 자극이 필요하다. 그게 없으면 생각하기 어렵다. 생각의 재료를 제공하는 게 바로 책이다. 독서 없이 생각은 쉽지 않다.

독서를 하면 또 다른 좋은 점이 있다. 어휘가 늘어난다. 자기 보존을 위한 유일한 무기는 지성이다. 사용 가능한 어휘 수가 500개인 사람과 5,000개인 사람은 표현력과 전달력에서 차이가 날 수밖에 없다. 사용 가능한 어휘가 많다는 건 다양한 무기를 갖고 있는 것과 같다. 언어가 사고를 지배한다. 새로운 언어를 안다는 건 그 세계를 이해하고 있다는 뜻이다. 당연히 풍부한 어휘는 사고의 확대로 이어진다. 사고가 확대되면 예전보다 가능성이 많아진다. 똑같은 상황에 다양하게 대처할 수 있고 답이 보이지 않는 문제도 쉽게 답을 찾을 수 있다. 그게 생각의 힘이다.

그렇다면 어떻게 독서를 해야 할까? 제대로 된 독서를 위해서는 네 가지를 파악해야 한다. 논리의 취지, 논리의 근거, 논리의 전제가 되는 지식·관점·가치관·역사적 배경, 논리의 구조가 그것이다. 그중 최소한 논리의 취지는 알아야 한다. 누구나 책을 읽고 이해할 수 있는 건 아니다. 학습과 경험이 적을수록 이해하기 어렵다. 내부에 축적된 정보량이 적어도 힘들다. 독서의 가장 큰 의미는 자신을 알고 타인을 이해하는 것이다.

읽고 이해하기 위한 지침이 있다. 첫째, 밑줄을 긋는 것이다. 밑줄을 치면 논지가 또렷해지고 기억이 선명해지고 나중에 찾기도 쉽다. 둘째, 여백에 기록하는 것이다. 논리적 문제점이나 비판 등을 기록한다. 몰랐던 용어나 관용구의 의미도 기록한다. 셋째, 전체를 파악해두면 유리하다. 먼저 전체 내용과 목차를 대충 보는 것이 좋다. 모르는 부분이 있어도 일단 전체를 보는 것이 좋다. 여행 전 여행할 곳의 지도를 보는 것과 같다.

그런데 읽는 것만으론 충분치 않다. 읽고 생각할 수 있어야 한다. 저자의 생각을 무조건 받아들이는 대신 계속 의심하고 질문해야 한다. 그래야 실력이 는다. 읽기만 하고, 읽은 것을 생각해보지 않으면 성장하지 못한다. 생각은 연상이다. 책을 통해 자유롭게 상상의 나래를 펼칠 수 있어야 한다. 어딘가에 얽매이지 않고 자유롭게 생각할 수 있어야 한다. 이를 위해서는 무슨 일이 벌어지거나 뭔가를 보았을 때 일일이 이러쿵저러쿵 마음속으로 감상을 말하거나 평가하지 말아야 한다.

최악은 걱정이다. 누군가를 걱정하는 사람은 마치 자신이 그 사람을 깊이 사랑하고 보호해준다고 착각한다. 늦게 온 가족을 기다리다 그 사람이 오면 우리는 "어디 갔었어? 계속 걱정했잖아?"라며 화를 낸다. 나쁜 상황을 상상하고 걱정한 게 무슨 대단한 일이라도 한 것으로 생각한다. 그렇지 않다. 별 영양가가 없는 일이다.

글을 쓰면서 생각하면 생각이 좀더 생산적이 된다. 그냥 생각만 하면 피곤하다. 머리에서 뱅뱅 돌다 아무런 결론에도 도달하지 못하는 경우가 많다. 글을 쓰면 효과적으로 생각할 수 있다. 쓰는 게 곧 생각하는 것이다. 종이에 짧은 문장이나 단어를 쓰고, 연관을 위한 줄을 치면서 생각하는 것도 효과적이다. 메모한 것을 나중에 다시 보면서 생각하는 것도 좋은 방법이다. 앉아서 생각하는 대신 걸으면서 생각해도 좋다.

나이 들수록 공부가 어렵다는 얘길 많이 한다. 이유는 자명하다. 경험과 지식이 늘어날수록 고정관념도 계속 늘고 이런 고정관념이 새로운 지식이나 사고의 흡수를 거부하기 때문이다. 하지만 많은 사람이 이를 자각하지 못한다. 실제 우리는 고정관념에 싸여 있고 고정관념을 근거로 판단한다. 고정관념을 다른 말로 바꾸면 상식, 관습, 인습, 미신, 착각, 편견, 선입관, 일방적 평가, 틀에 박힌 상상력 등이라 할 수

고수의 독서법을 말하다

있다. 공부를 위해서는 새로운 것을 배우는 것만큼 기존의 것을 버리는 것이 중요하다.

공부에는 두 종류가 있다. 돈벌이가 되는 공부와 돈벌이와 상관없는 공부가 그것이다. 우리가 익숙한 건 돈이 되는 공부다. 그래서 돈이 안 되는 공부는 가치가 없다고 생각한다. 과연 그럴까? 젊어서는 돈이 되는 공부를 해야 하지만 나이가 들수록 돈과 상관없는 공부를 해야 한다. 탐구형 공부가 그것이다. 탐구란 대상 속에서 지금까지 보지 못했던 사실을 발견하는 것이다. 대상에 대한 지식을 새롭게 조합해 완전히 새로운 것으로 만들어보는 것이다. 대상을 새롭게 해석해 또다른 매력과 한계를 도출해내는 것이다. 지식 사이에 지혜를 끼워 넣어 지식의 형태를 새롭게 정리하는 것이다. 관심이 가는 분야의 책을 읽고 그것에 대해 생각하고 묵상하면서 거기에서 재미와 의미를 찾는 것이다.

사람은 새로운 것에 대한 호기심이 사라지면서 늙기 시작한다. 호기심은 알고 있는 것과 알고 싶은 것 사이의 갭을 줄이려는 행동이다. 알고 있는 게 있어야 알고 싶은 게 생긴다는 말이다. 호기심을 만드는 것이 공부다. 공부를 하다 보면 자꾸 더 공부하고 싶은 게 생긴다. 그러면서 인생이 충만해진다.

3장

그래서
오늘도 책을 읽는다

책으로
인생이 바뀐 사람들

앞이 보이지 않는가? 더 이상 이렇게 살고 싶지 않은가? 변화하고 싶은데 방법을 모르겠는가? 그렇다면 책에서 방법을 찾아라. 책은 사람의 인생을 바꿀 수 있다.

환경재단 대표 최열은 감옥에서 환경 관련 책을 100권 읽고 환경의 길로 접어들었고 디자이너 김영세도 우연히 디자인 책을 읽고 디자인을 하게 되었다. 사출기의 핫런너 분야 세계 1위인 유도실업 회장 유영희도 책에서 관련된 이야기를 본 게 인생을 바꾸는 계기라고 했다. 책을 읽다가 온몸에 전율이 오면서 이 분야에 올인하면 뭔가 되겠다는 느낌이 왔다고. 홍콩의 재벌 리카싱도 《플라스틱》이란 잡지에서 "이탈리아의 한 회사가 플라스틱을 원료로 설계, 제조한 플라스틱 조화가 구미 시장에 덤핑될 것이다."란 구절을 읽고 인생이 바뀌었다. 그 구절을 읽는 순간, 플라스틱 조화의 시대가 올 것이라 예감해 과감하게 뛰어들었고 그 결과 부를 손에 넣었던 것이다.

체스 그랜드 마스터 모리스 애슐리

체스의 그랜드 마스터가 되려는 꿈을 갖고 있던 사람이 있다. 그는 꿈을 이루기 위해 직장을 그만두고, 최고의 코치를 구하고, 하루 8시간 이상 체스를 두었다. 필요한 점수를 따기 위해 여러 토너먼트에도 참가했는데 그러다 문제가 생긴다. 한 게임을 망치면서 이어 벌어진 여러 경기를 놓친 것이다. 자신감이 떨어졌고 스스로에게 실망한 그는 체스와 상관없는 책을 읽기 시작한다.

《꿈을 도둑맞은 사람들에게(Dare to win)》(잭 캔필드·마크 빅터 한센 지음, 김재홍 옮김, 슬로디미디어, 2017)란 책이다. 이루고자 하는 목표들을 적어놓고 계속하면 성공한다는 내용이다. 디팩 초프라 책도 읽었다. 초연함의 중요성을 강조했다. 특정 목표에 집착할수록 자멸할 수 있기 때문에 일희일비하지 말라는 내용이다. 메이저리그 최초의 흑인 야구 선수 재키 로빈슨이 쓴 책도 읽었다. 타인들의 비열한 욕설에 일일이 대응하지 말라는 것이다. 대응하지 않는 것도 훌륭한 대응방법이며 이게 강한 자의 자세라는 것이다.

책을 읽으면서 서서히 생각이 바뀌기 시작한 그는 초연한 자세로 경기에 임했고 결과보다 과정에 집중하게 되었다. 서서히 자유로워지면서 마침내 그랜드 마스터가 된다. 좁은 세계 속에 갇혀 있던 그가 책을 통해 자신이 만든 감옥을 탈출한 것이다. 체스 그랜드 마스터 모리스 애슐리의 이야기다. 뭔가 거대한 벽에 부딪쳤는가? 그렇다면 지금 책을 읽어야 할 때다. 《준비된 우연》(필립 코틀러 외 4인 지음, 오수원 옮김, 다산3.0, 2015) 이란 책에 소개된 내용 중 하나다.

하버드 법대 교수 석지영

석지영은 동양인 최초로 젊은 나이에 하버드 법대 종신교수가 된다. 발레학교를 다녔고 줄리어드 음대도 다녔는데 어떻게 하버드대 법대 교수가 됐을까? 핵심 중 하나가 독서다. 그녀는 자신의 저서 《내가 보고 싶었던 세계》에서 다음과 같은 이야기를 한다.

"책 읽기가 내 인생을 바꿨다. 책의 제목을 적고, 소설의 줄거리와 등장인물, 주제에 대한 내 생각을 짤막한 감상과 함께 적었다. 집에 있는 책을 보면 그 책의 주인에 대해 대략 짐작할 수 있다. 어떤 책을 해지도록 읽었는지, 어떤 책은 건드리지 않았는지를 보면 그의 내면세계와 포부를 짐작할 수 있다. 내면의 생각과 감정은 이제껏 읽은 텍스트와 경험이 모두 한데 모여 짜인 태피스트리 같다. 난 늘 책에 푹 빠져 살았다. 한 무더기씩 책을 빌려 뉴욕 퀸즈 도서관에서 살다시피 했다. 책에서 얻은 상상력, 문화적 감수성과 교양이 내 바탕이 되었다."

그녀의 인생 키워드는 독서다. 발레를 하다, 피아니스트를 하다, 법대 교수가 됐지만 그 중심에는 언제나 책이 있었던 것이다. 만약 독서가 없었다면 오늘날 그녀가 존재할 수 있었을까? 난 솔직히 회의적이다.

여행가 팀 페리스, 최재천 교수

내가 좋아하는 여행가이자 저자 팀 페리스도 책으로 인생이 바뀌었다. 그는 《떠나고 싶을 때 떠나라》는 책을 읽고 감명을 받는다. 책에 나온 "여행이란 일정 기간 일상생활에서 도피하는 게 아니라 우리 인생을 재발견하는 일이다."란 문장을 읽고 여행에 대한 새로운 철학을 갖게 된 것이다. 여행이 시

고수의 독서법을 말하다

간 낭비라고 생각했던 그는 여행을 통해 인생의 가치와 우선순위를 찬찬히 들여다보게 되었다. 늘 일하고 있었지만 사실 무엇을 위해 일하는지 알 수 없었는데 책에서 만난 한 문장을 계기로 세계적인 여행가가 된다.

이화여대의 최재천 교수도 책의 영향을 많이 받았다. "재벌도 있고 학벌도 있는데 책도 많이 읽으면 '책벌'이다. 나는 책벌이다. 같은 책을 반복해서 읽었다. 반복된 독서로 쌓인 것들이 글로 나오기 때문이다." 그는 17세 때 알렉산드로 솔제니친이 쓴 《수용소 군도》를 읽고 그중 〈모닥불과 개미〉라는 수필에서 깊은 인상을 받는다. 모닥불 속에 갇힌 동류를 구하러 뛰어드는 개미들의 이타적 행동에 의문을 던지는 내용인데 "무엇이 저들로 하여금 희생의 길로 가게 하는 걸까?" 하고 궁금증이 들었다는 것이다. 자연을 보고 물음을 던지고 사유할 수 있도록 그를 과학 분야로 이끌어준 사람은 솔제니친일지도 모른다.

인생을 바꿔준 은혜로운 책

은인처럼 자신에게 은혜를 베풀고 인생을 바꾼 책을 은서(恩書)라고 한다. 일본의 유명한 등산가 노구치 겐은 우에무라 나오키의 책을 탐독한 후 등산가가 되기로 결심했고, 교세라 회장인 이나모리 가즈오는 마쓰시다 고노스케의 책에 영향을 받고 그와 같은 경영가가 되기로 결심했다고 한다. 베스트셀러 저자인 잭 캔필드는 《이 세상 후의 세상(Life after life)》을 자신의 인생을 바꾼 책으로 꼽는다. 무디 박사가 실제 죽음의 문턱에 갔던 사람들의 이야기를 모은 책인데 이 책을 보면 임사체험에 뚜렷한 패턴이 있다는 것을 알 수 있다. 그 책을 읽은 이후 그는 명상, 기도, 독서, 타인을 위한 봉사 등 영적 활동을 추구하는 삶을 살기 시작했다. 그가 쓴 《사람의 가슴을 따뜻하게 하는 닭고기 수프》 시리즈도 그 일환이다.

내 은서는 스티븐 코비가 쓴 《성공한 사람들의 7가지 습관》이다. 당시 나는 공장에서 근무를 하고 있었다. 과도한 스트레스와 근무시간, 배려 없는 상사, 적은 월급 등이 나를 괴롭혔다. 지금 힘든 것은 그런대로 참을 수 있었지만 이런 생활을 언제까지 해야 하느냐는 생각이 나를 힘들게 했다. 앞이 보이지 않았다.

그때 우연히 《성공한 사람들의 7가지 습관》을 읽었다. "삶에서 일어나는 사람이나 사건을 바꿀 수는 없지만 그 사건에 대해 어떻게 생각하고 반응할지는 내가 선택할 수 있다. 그것이 주도적인 삶이다."란 문장이 확 눈에 들어왔다. 이후 내 삶의 태도는 크게 바뀌었다. 그저 불평이나 하는 대신 그 안에 어떤 기회가 있는지, 어떻게 행동하는 것이 바람직한지를 생각하게 되었다.

사람은 변할까? 아니면 변하지 않을까? 이에 대해 힌트를 주는 말이 있다. 성상근습상원(性相近習相遠)이란 말인데, 사람은 비슷하게 태어나지만 습관에 의해 많이 달라진다는 뜻이다. 사람의 천성은 본래 비슷하다. 하지만 후천적인 성정은 바뀔 수 있다. 학식으로 성정을 통제해야만 천성을 온전히 유지할 수 있는데 책이 바로 그런 역할을 한다. 뭐든 가만 놔두면 나빠진다. 좋은 천성을 갖고 태어나도 방치하면 나빠지고, 별로인 천성을 갖고 태어나도 꾸준히 책을 읽으면 괜찮은 사람이 될 수 있다. 사람이 책을 만들고 책이 사람을 만든다는 말은 괜히 나온 게 아니다.

불안할 때
신경안정제보다 더 효과적인 것

불안에는 이유가 있다. 불안은 뭔가 있으니까 거기에 대비하라는 시그널이다. 불안이 없다면 어떤 일이 벌어질까? 시험을 앞둔 수험생이 느긋하다면? 1년째 놀고 있는 가장이 아무 느낌이 없다면? 적이 언제 쳐들어올지 모르는데 지휘관이 아무 걱정이 없다면 어떤 일이 일어날까? 그거야말로 큰일이다. 그런 면에서 불안을 자주 느끼는 사람이 생존하고 성공할 가능성이 높다. 하지만 뭐든 지나치면 좋지 않다. 영어로 불안은 anxiety이고 라틴어 angere에서 왔다. 목을 조른다는 뜻이다. 과도한 불안은 독이 될 수 있다.

고수의 독서법을 말하다

불안을 잠재우는 효과적인 방법

세상은 변하는데 자신이 제대로 변하지 못할 때 불안이 엄습한다. 예를 들어 인공지능의 도입으로 일자리가 줄어들면서 자기 직업이 위태롭다는 걸 느끼지만 어떻게 대처해야 할지 모를 때, 자기가 가진 주특기가 대단한 것이 아니며 누구나 그 정도 일은 할 수 있다는 자각이 일어날 때, 뭔가 해야겠는데 방법을 모를 때 불안하다. 그럼 이런 불안을 어떻게 없앨수 있을까?

불안을 없애는 최선의 방법은 밑천 마련이다. 밑천이 있어야 한다. 밑천하면 보통 돈을 떠올린다. 맞다. 돈이 있어야 한다. 직업이 없어도 은행잔고가 두둑하면 덜 불안하다. 임대료가 나오는 빌딩을 갖고 있어도 괜찮다. 이보다 더 중요한 건 지적 자산이다. 탁월한 지적 자산을 가지면 덜 불안하다.

보통 사람도 나름의 지식은 있다. 중요한 건 이를 상품화할 수 있어야 한다는 것이다. 단순히 안다는 것을 넘어 이를 말과 글로 전달할 수 있고, 가르칠 수 있어야 한다. 끊임없이 업그레이드할 수 있어야 한다.

지식이 우선이다. 지식이 있으면 자신만의 의견이 생기는데 이게 식견이다. 지식이 있어야 식견이 생기고 해법이 나온다. 지식, 식견, 해법 순이다. 식견이 없으면 어떤 일이 일어날까? '폭망'이다. 생전 요리 한 번 해보지 못한 사람이 떡하니 치킨집을 냈다가 말아먹고 장렬히 전사하고, 알지도 못하는 선물에 투자했다가 전재산을 날리는 건 다 식견이 부족하기 때문이다. 식견과 해법을 얻는 최선의 방법은 지식 보완이다. 가장 짧은 시간에 가장 효과적으로 지식 창고를 채우는 방법이 독서다.

지식의 밑천을 불리는 독서

직장생활을 하는 내내 불안했다. 지금은 괜찮은데 직장을 그만두면 무엇을 먹고살지에 대한 걱정이 늘 나를 힘들게 했다. 대기업을 나온 후 그 불안감은 극도로 높아졌다. 나를 지탱했던 회사란 울타리가 사라졌기 때문이다. 살아남기 위해 공부했고 새로운 분야에 도전했다. 과연 내가 굶어 죽지 않고 살아남을 수 있을지 너무 불안했다. 다행히 살아남았고 지금은 별로 불안하지 않다. 아니 편안하다.

무엇이 나를 불안에서 구원했을까? 가장 큰 게 바로 독서로 얻은 밑천이다. 20년 이상 1년에 200여 권의 책을 읽고 요약하면서 나도 모르게 지식의 밑천이 많이 생겼다. 어떤 주제든 웬만큼 견해와 해법을 가지고 있다.

책을 읽는 사람과 읽지 않는 사람은 무슨 차이가 있을까? 사람이 책을 읽는다는 것은 그만큼 자기 인생에 대해 진지하게 생각한다는 의미다. 뭔가 부족한 점을 느끼고 시간을 내어 노력하는 것이다. 현재도 중요하지만 미래의 성숙한 자신을 위해 투자하는 것이다. 책을 읽지 않는 사람은 과거의 지식에만 의존하는 것이다. 과거의 경험을 까먹고 미래를 위한 준비를 하지 않는 사람이다. 단기적으로는 별 문제가 없어 보이지만 장기적으로 누적되면 개인에게 재앙이 될 수 있다.

독서는 일단 투자가 선행되어야 한다. 자기 돈을 들여야 하고 시간을 강제적으로라도 할당해야 한다. 그리고 습관이 되게끔 하는 것이 필요하다.

"책은 청년에게는 음식이 되고, 노인에게는 오락이 된다. 부자일 때는 지식이 되고, 고통스러울 때면 위안이 된다." 키케로의 말이다. 하지만 그냥 몸에 좋다는 이유만으로 독서를 하기는 쉽지 않다. 몸에 좋은 약이 입에는 쓰다고 하는 말만으로 애들에게 약을 먹일 수는 없는 법이다. 뭔가 책 읽는 즐거움과 요령이 필요하다. 독서력에 맞게 가령 한 달에 4권, 1년에 48권 같은 목표를 세우고 하나하나 목표를 달성하면 재미있다.

독서가 최고란 주장은 하고 싶지 않다. 그보다는 지식의 중요성과 어떻게 하면 생산적으로 지식 창고를 채울 수 있을지에 대해 이야기하고 싶다. 지식이 식견이 되고, 견해가 되는 프로세스는 자신이 직접 경험해야 한다. 일단 지식의 창고를 채우고 이것이 견해로 연결되고 돈이 되면 내가 하는 말을 조금은 이해할 수 있을 것이다. 무엇보다 그 과정에서 불안감이 줄어들고 마음의 평화가 찾아올 것이다.

고수의 독서법을 말하다

위로보다
불편함을 주는 책이 보약

　나는 기업을 대상으로 독서토론회를 진행한 적이 많다. 한 번 하고 마는 특강 대신 매주 혹은 2주에 한 번 책을 읽고 배운 것, 깨달은 것, 앞으로 할 것 등에 대해 토론한다. '이렇게 살라'고 백 번 이야기하는 것보다 훌륭한 책 한 권을 읽히는 게 훨씬 효과적이다. 책을 읽으면서 이미 스스로 많은 것을 느끼게 되기 때문이다. 한 이슈에 대해 누군가의 설교를 듣는 것보다는 거기에 대한 글을 읽으면서 스스로 생각하고, 본인 소감을 말하고, 남의 소감을 들으면서 이야기를 나누다 보면 뇌 속에서 스파크가 튀는 경험을 하게 된다.

나를 돌아보게 하는 책

그런데 독서토론회에 참가한 사람 대부분이 워낙 책을 잃지 않던 사람들이라 처음에는 책 읽기 자체를 어려워했다. 익숙하지 않아서 읽다가 자꾸 딴생각을 하게 된다는 거다. 그렇지만 독서토론회가 몇 차례 진행되면 자기도 모르게 많은 걸 배우고 느끼고 결심하게 되기 때문에 자신의 변화를 실감하게 된다.

나는 책을 읽으면서 자신을 돌아보는 것이 독서의 가장 큰 효용이라고 생각한다. 책을 읽으면서 자신도 모르는 사이에 '과연 나는 어떤 사람일까? 이 책에서 이야기하는 문제의 사람이 나는 아닐까?' 하면서 자신을 반성하는 것이다. 독서의 주요 목적은 자기 자신이 어떤 사람인지 알기 위함이다.

책을 읽다 보면 자신의 한계를 알게 된다. 미처 생각하지 못한 것, 몰랐던 것, 세상은 넓다는 사실, 내가 알고 있다고 생각한 것이 별것 아니란 것도 알게 된다. 누구에게나 진실은 불편하다. 그게 진실의 속성이다. '너 참 괜찮다'는 말은 듣기 좋다. 반면 '넌 어째 그 모양이니?', '그런 식으로 계속 살아서 네가 원하는 삶을 살 수 있다고 생각하니?' 같은 말은 불편하다. 나도 어림짐작으로 그럴 걸로 생각은 했지만 그런 생각은 수면 위로 자주 올라오지 않는다. 사람들 속에서 정신없이 살다 보면 생각할 겨를조차 없다. 혼자 책을 읽다 보면 나도 모르게 그런 불편한 생각이 위로 올라온다. 이 책에서 이야기하는 '문제적 사람'이 자신일지도 모른다는 불편함이 슬그머니 올라오는 것이다.

내가 나를 아는 것

독서의 가장 큰 역할 중 하나는 자기 성찰이다. 나도 모르게 나를 돌아보게 해 진실과 직면하게 한다. 사람은 불편함을 통해 성장한다. 듣기 좋은 이야기만 들으면 성장하기 힘들다. 나를 불편하게 하는 책이 사실은 나를 성장시키는 책이다. 읽는 내내 불편하게 만드는 책이 자신에게 필요한 책이다. 사실 그런 책을 읽어야 한다. 이게 변화의 시작점이고 출발점이다.

그런데 나를 비롯해 대부분의 사람이 어떤 책을 읽는가? 자신을 위로하는 책을 읽는다. 때론 위로도 필요하지만 이런 책만 읽는 건 식사 대신 달콤한 티라미수만 먹는 것과 같다. 자신의 신념을 굳히는 책만 보는 사람들도 있다. 그러면 편협하고 고집스런 사람이 될 가능성이 높다.

책을 안 읽는 것보다는 읽는 게 좋다. 나를 위로하는 책보다는 나를 불편하게 하는 책이 도움이 된다. 내 생각과 같은 생각을 하게 만드는 책도 필요하지만 내 생각을 깨는 책이 더 바람직하다. '그동안의 내 생각이 틀렸구나', '틀릴 수도 있겠구나' 하며 정신을 번쩍 들게 하는 책이 좋은 책이다.

확증편향을
깨부수는 독서

'넘사벽'은 '넘지 못할 4차원의 벽'의 준말로 아무리 노력해도 자신의 힘으로 격차를 줄일 수 없는 초절정 고수를 가리킬 때 쓰인다. 한편 '벽창호'는 '고집이 세며 완고하고 우둔하여 말이 도무지 통하지 아니하는 무뚝뚝한 사람'을 가리킬 때 쓰인다. 넘사벽의 벽이 긍정적인 이미지라면 벽창호의 벽은 부정적인 이미지다.

확증편향이라는 벽에 둘러싸인 사람들

난 가끔 벽이 가로막고 있는 듯한 사람을 만난다. 도저히 그 사람하고는 말이 통하지 않는다. 이야기해봤자 입만 아플 뿐이란 생각이 든다. 이념에 매몰된 정치인이 대표적이다. 이들에겐 무슨 말을 해도 먹히지 않는다. 이념의 벽으로 둘러싸여 있고 그 무엇도 그 벽을 넘을 수 없다. 비상식적일 만큼 종교로 무장한 광신도도 내겐 벽이다. 그들이 주장하는 신 앞에는 어떤 논리도 이유도 작동하지 않는다. 이들은 주로 신을 팔아 살고 있다. 신이 그렇게 하라고 했다는데 할 말이 없다. 그가 신인지 신이 그인지 구분할 수는 없지만 그들은 거대한 벽 그 자체다. 도저히 어떻게 해볼 방법이 없다. 스타나 특정인을 심하게 추종하는 '~빠'도 그렇다. 자신이 따르는 그 사람에 대한 어떤 비난이나 비판도 용납하지 않는다. 그들과는 정상적인 대화가 불가능하다.

난 이들을 볼 때마다 '어떻게 하다 저 지경이 됐을까?', '저렇게 된 계기가 무엇일까?', '저런 사람들을 말이 통하는 일반인으로 만드는 방법은 없을까?'란 생각을 자주 한다.

확증편향이란 자기 신념을 강화시키는 정보만 수집하고 신념에 배치되는 책이나 주장에는 전혀 귀를 기울이지 않음으로써 점점 자기 생각을 굳히는 걸 말한다. 누구나 신념을 가질 수는 있지만 확증편향은 조심해야 한다. 확증편향의 결과물은 자기반성 능력의 상실이다. 그러면 생각하기를

고수의 독서법을 말하다

그만두거나 생각하는 방법을 잊은 '인간 꼭두각시'로 전락한다 이들의 공통점은 거의 책을 읽지 않는다는 것이다.

간혹 책을 읽더라고 자기 신념에 반하는 책은 절대 읽지 않는다. 스탈린과 히틀러가 그렇다. 이들은 유명한 독서가다. 꽤 많은 책을 읽은 것으로 알려져 있지만 자신이 선호하는 책만을 읽었거나 책을 읽은 후 생각하지 않았을 것이다. 당연히 자신의 생각과 행동에 대한 반성능력을 상실하여 자기의 행동이 얼마나 잘못인지 전혀 의심하지 않았을 것이다. 철저하게 자기 행동을 합리화하는 데 애를 썼을 것이다.

벽을 깨부수었을 때

책을 읽는 것은 좋지만 자기가 좋아하는 책만 읽거나 읽은 후 생각하지 않고 반성하지 않는 것은 위험하다. 나 역시 그런 경향이 있다. 관심이 없거나 내 생각과 다른 주장을 하는 책들은 의도적으로 보지 않으려 했다. 그런데 책 소개를 하다 보면 내가 원하지 않는 책을 읽어야 하는 경우가 종종 있다.

처음엔 거기에 반감을 가졌다. '왜 내가 싫어하는 책까지 소개해야지?'라고 생각했다. 그런데 막상 읽어보니 내 생각이 짧았음을 알게 됐다. 내가 읽고 싶지 않았던 책이 사실은 내게 가장 큰 깨달음을 줬다. 배우는 게 가장 많았고 자꾸 생각이 났으며 생각의 폭이 넓어지는 걸 느꼈다.

나를 부수는 책이 가장 좋은 책이다. 새가 부화하려면 껍데기를 깨야 하듯이 나를 둘러싼 벽을 깨야 한다. 거듭나고 싶다면 자신을 둘러싼 세계, 자기가 늘 옳다고 생각하는 세계를 깰 수 있어야 한다. 자신의 경계를 무너뜨릴 수 있어야 한다. 그래야 새로운 세계를 맛볼 수 있다.

변화란 무엇일까? 변화의 핵심은 낯섦음이다. 익숙하지 않음이다. 변화를 위해서는 익숙한 책보다는 익숙하지 않은 책이 도움이 된다. 내 생각과는 다른 주장을 하는 책을 읽어야 한다. 그래야 내 생각의 위치를 제대로 알 수 있다. 또 책을 읽은 후 자꾸 의심하고 생각해봐야 한다. 그대로 믿는 것보다는 생각을 해야 성장할 수 있다.

난 치우친 사람이 되는 게 두렵다. 나와 생각이 다르다는 이유로 상대를 미워하는 옹졸한 사람이 되는 게 두렵다. 자기만의 좁은 틀 안에 갇혀 자기 생각과 다른 사람을 비방하는 까탈스런 노인이 되는 게 두렵다.

난 폭넓은 시야를 가진 사람이 되고 싶다. 많은 생각을 안을 수 있는 너그러운 사람이 되고 싶다. 그런 쓸데없는 이념

에서 자유로운 사람이 되고 싶을 때 가장 좋은 방법이 나를 부수는 책을 읽는 것이다

내 생각이 틀렸다는 걸 보여주는 그런 책, 무언가를 추종하는 대신 늘 통념에 저항하고 새로운 생각을 할 수 있게 만드는 그런 책을 읽고 싶다.

조직을 변화시키는 독서 경영

"어떻게 해야 팔자를 고칠 수 있을까?" 이는 모든 사람의 관심사다. "어떻게 해야 기업을 지속적으로 발전시킬 수 있을까?" 이는 모든 기업인의 관심사다. 사주명리학자 조용헌에 따르면 팔자를 고치기 위해서는 적선을 하고, 눈 밝은 스승을 만나고, 명상하고 기도하고 등 여러 가지가 있지만 그중 가장 쉽게 실천할 수 있는 것이 바로 독서란다. 그가 말하는 독서의 이유다. "책을 읽으면 자신에 대한 성찰이 생긴다. 특히 운이 좋지 않을 때에는 밖에 나가지 말아야 한다. 나갔다 하면 좋지 않은 인연을 만나서 일이 더 꼬이는 수가 많기

고수의 독서법을 말하다

때문이다. 그럴 때는 집 안에 틀어박혀 어느 책이라도 무조건 읽는 것이 상책이다. 10년 이상의 감옥생활을 버티게 하는 힘도 독서하는 습관에서 길러진다."

책 읽고 논의하는 기업 문화

기업의 팔자를 바꾸는 방법 중 하나 역시 책 읽기다. 비즈니스 기회는 선점에서 나오고 선점의 기회는 앞을 내다보는 사람에게만 오는데 앞을 내다보는 능력은 독서로 길러지기 때문이다.

한국요코가와일렉트로닉스매뉴팩처링은 전자식 계측기를 만드는 회사다. 대표 차성환은 다독가로 유명한데 본인이 책을 많이 읽다 보니 자연스럽게 직원들에게까지 전파되어 책을 읽고 논의하는 문화가 만들어졌다. 130명 정도 규모의 회사지만 한 달에 한 권은 무조건 책을 읽고 거기에 대해 논의하는 자리를 마련한다.

내가 이 회사를 알게 된 것도 《회사가 희망이다》라는 내 책을 전 직원에게 읽힌 후 강의를 초청해서였다. 강의를 하면서 직원들의 애사심을 느낄 수 있었다. 얼마 전에는 지금은 절판된 켄 제닝스의 《섬기는 리더》를 전 직원에게 나누어주고 일대일 면담을 통해 책에 대한 이야기를 나누었단다. 책

이야기로 시작했지만 자연스럽게 다른 쪽 이야기도 하게 되면서 서로를 이해하게 되었다고.

실무자에게 독서 경영의 성과와 직원들 반응에 대해 물어보았더니 이런 이야기를 한다. "처음에는 못마땅해하는 직원도 많았습니다. 무슨 회사에서 강제로 책을 읽게 하느냐, 자발적으로 하면 되는 것 아니냐고요. 하지만 시간이 지나면서 습관이 되어 좋고, 여러 면에서 도움이 된다며 뿌듯해하는 직원이 늘었습니다. 친구들에게 자랑하는 직원까지 있죠. 무엇보다 직원들이 인격적으로 성숙해 사소한 갈등이 적어지고 품격도 높아집니다. 그래서인지 노조도 없습니다." 책을 읽는다는 것이 단기적 성과로 나타나지는 않지만 문화와 분위기는 확실히 바뀌었다고 한다.

위에서 아래로의 변화

효과적인 독서 경영을 위해서는 무엇보다 사장이나 임원의 모범이 필요하다. 사장이 열심히 책을 읽고 도움이 된다는 사실을 인지하면 자연스럽게 조직 전체로 번져나간다. 독서 습관이 처음에는 별것 아닌 것 같지만 자기도 모르는 사이에 도움이 되고 습관이 되면서 자발적으로 하게 된다.

요약을 하거나 사람들과 독서 감상을 나누어보는 것도 방법이다. 책을 읽고 그냥 넘어가는 것보다는 요약하고 논의하면 소통능력까지 높아진다. 조직에서 가장 중요한 것은 커뮤니케이션이고 이는 부단히 노력해야 활발해질 수 있는데 독서는 소재를 제공하고 갈등 없이 의사소통하는 방법을 알려준다. 업무로 커뮤니케이션하는 경우는 이해가 상충하기 때문에 긴장하고 갈등이 표출되는 경우가 많지만 책을 읽고 거기에 대해 의견을 나누는 데에는 이런 염려가 없다. 책을 읽고, 이를 요약하고, 거기에 대한 서로의 의견을 나누다 보면 자연스럽게 커뮤니케이션 훈련이 된다.

필요 시 회사 업무에 어떻게 적용할지 제안을 받아보는 것도 방법이다. 책을 읽다 보면 이 책을 통해 배운 것이 무엇인지, 배운 것을 어떻게 현업에 적용할지를 생각하게 된다. 그렇기 때문에 독서와 제안을 연결하는 것도 좋은 과제다. 주기적으로 그동안 읽은 책이 어떤 것인지, 거기서 배운 것과 느낀 것은 무엇인지, 그것을 현업에 어떻게 연결시켰는지를 이야기하고 '가장 좋은 훈련'을 공유하는 시간을 갖는 것이 바람직하다.

적당한 경쟁으로 재미를 유도하는 것도 방법이다. 책을 그냥 읽는 것보다는 카운팅을 하면서 읽으면 목표 달성에 좋다. 이때 무작정 열심히 읽는 것보다는 밑줄도 치고 그것을 요약해 정리해보면 기억에 오래 남고 나중에 자신에게도 도움이 된다. 그리고 그렇게 정리한 내용은 혼자만의 지식으로 남기는 것보다는 함께 읽은 사람들 앞에서 발표도 해보고, 잘된 작품에 대해 평가도 해주고 시상까지 해주면 훨씬 재미있게 습관화할 수 있다. 가장 많이 읽은 사람, 가장 요약을 잘한 사람, 가장 재미있게 책 내용을 사람들 앞에서 이야기해준 사람…, 생각만 한다면 책 읽기 경쟁에 재미를 부여할 요소는 얼마든지 있다.

음식을 먹지 않고 살 방법은 없다. 독서를 하지 않고 현명해질 방법 역시 없다. 현명함의 프로세스는 배우고(learn), 사용하고(use), 가르쳐보고(teach), 검사하는(inspect) 것이다. 그리고 첫 단계인 배움을 얻는 가장 효과적인 방법이 독서다. 독서라는 첫 단추를 잘 끼우면 현명해질 수 있다. 독서를 많이 한 사람은 눈빛이 다르다. 간접 경험을 통해 안정감을 갖추어서, 문제점이 나타나더라도 책을 안 읽은 사람에 비해 탄력적으로 자신 있게 문제를 해결할 수 있다는 자신감도 생겼기 때문이다.

독서는 개인뿐 아니라 조직도 바꾼다. 그래서 독서 경영이 중요하다. "독서는 집안을 일으키는 근본이고, 도리를 따름은 집안을 보존하는 근본이며, 근검은 집안을 다스리는 근본이고, 온화와 순종은 집안을 바르게 하는 근본이다." 명심보감에 나온 말이다.

호기심으로 반짝이는 눈, 지루함으로 탁해진 눈

　요즘 내가 가장 시간과 정열을 쏟는 모임이 '책엄세'다. 책 읽는 엄마들이 세상을 바꾼다는 취지로 운영하는 독서토론 회다. 이 모임을 만든 계기는 '위정자와 정부가 하는 일을 보면서 자칫하면 대한민국이 망할 수도 있겠다', '국가가 사라지면서 쿠르드족처럼 난민으로 전락할 수도 있겠다'는 위기감을 느껴서다.

　외교, 경제, 안보, 환경 등 모든 것이 문제겠지만 무엇보다 교육을 바로 세우는 데 조금이라도 이바지하고 싶었다. 난 대통령이나 국회의원을 비난하고 싶지는 않다. 그 사람을

　　　　　　　　　　　　　　　고수의 독서법을 말하다

뽑은 건 우리이기 때문이다. 우리들의 안목, 우리들의 수준, 우리들의 판단력이 그런 결과를 만든 것이다.

가정에서부터 번지는 교육의 힘

이런 문제를 어떻게 풀고 좀더 괜찮은 사회를 만들 것인가? 바로 교육이다. 교육을 제대로 하면 지금 다소 문제가 있어도 얼마든지 해결할 수 있다. 그런데 교육이 제대로 이루어지지 않으면 이런 문제는 도저히 해결할 수 없다. 점점 더 꼬일 것이다.

교육의 중심이 누구일까? 선생도 아니고 교육부도 아니고 대통령도 아니다. 가정이 중심이 되어 이루어져야 하며 그 한가운데에 엄마가 있다고 본다. 아이는 엄마의 영향을 가장 크게 받는다. 선생님이 좀 이상해도 엄마가 바로 서면 그 아이는 제대로 성장할 수 있다. 아버지도 그렇다. 아버지 역시 아내의 영향을 가장 많이 받는다. 아내가 공부하면 그 영향은 남편과 자식에게 가고 그럼 가정이 바로 선다.

그렇다면 작게나마 엄마들이 주체적으로 책을 읽고 이야기를 나눠보자는 취지에서 '책엄세'를 시작했다. 인원은 적게는 8명, 많게는 12명 정도로 기준을 정하고 매주 달라진다. 그 중 7~8명은 꾸준히 나오는데 난 그들의 변화에 놀라고 있다.

작지만 강력한 변화

아이 둘을 키우면서 직장을 다니다 1년간 휴직한 슈퍼맘 회원이 있다. 일과 육아를 병행하는 것만으로도 벅찰 텐데 짬을 내서 자기계발을 한다며 책도 읽고 모임도 다니고 있다. 책엄세도 그렇게 해서 나오게 됐다고 한다.

늘 수면이 부족하고 독박육아를 한다는 피해의식이 있었고 척 보기에도 무척 피곤해 보였다. 삶이 힘들다 보니 자꾸 일이 생긴단다. 3개월을 주기로 접촉사고를 내거나 아이가 아프거나 남편과 싸운다고. 난 그녀에게 "너무 열심히 살지 마세요. 지금 애 키우면서 직장 다니는 것으로 충분합니다. 본인을 너무 학대하지 마세요." 하고 위로의 말을 건넸다.

몇 번 만남이 이어지면서 어느 날 그녀가 이런 말을 했다. "사는 게 너무 힘들어 그동안 절 피해자라고 생각하며 살았어요. 그럼 가해자가 있어야 하잖아요? 그런데 그게 누군지 모르겠어요. 남편은 아니잖아요. 애도 아니고요. 책을 읽고 사람들과 이야기를 나누면서 어느 순간 내 생각이 틀렸다는 생각을 했어요. 제가 너무 좁게 세상을 봤던 거 같아요." 일종의 고해성사였다. 독서를 통해 자아성찰에 성공한 것이다. 이후 남편과의 관계도 좋아졌고 무엇보다 얼굴이 달라지기 시작했는데 요즘은 얼굴에서 광이 난다.

또 다른 회원은 10년 이상 직장을 다니다 1년 전쯤 그만두고 새로운 일을 준비 중이다. 처음 봤는데 얼굴에 표정이 없고 힘도 없어 보였다. 오랜 직장생활로 번아웃이 된 게 아닐까 우려됐다.

그런데 몇 번 만남이 이어지면서 그녀가 세상을 날카롭게 바라보고 통념에 저항하는 시선을 가졌음을 알게 됐다. 난 그녀에게 운동과 글쓰기를 권했다. 책을 읽고 독서토론회를 하면서 그녀 역시 완전히 다른 사람이 되어갔다. 얼굴빛이 달라졌다. 말하는 것에도 힘이 생겼고 자신감이 넘쳤다. 나뿐 아니라 다른 참석자들도 그녀가 변화했다는 데 동감했다. 그녀 본인도 변화를 실감하는 것 같았다.

가장 크게 변한 사람은 나와 함께 책엄세를 만든 유지윤 님이다. 이전에도 책을 열심히 읽고 독서토론회를 했지만 책엄세를 운영하면서는 더욱더 열성적으로 책을 읽고 토론하고 글을 썼다. 내가 보기에도 그녀는 몇 달 전의 그녀가 아니다. 눈이 반짝이고 얼굴에서 빛이 난다. 말하는 것도 달라졌다. 나도 느끼고 본인도 그렇게 느낀다. '거듭나다'는 말의 의미를 그녀를 보면 알 수 있을 정도다.

책을 읽으면 호기심이 많아지고 세상 보는 눈이 달라진다.

그러면 저절로 반짝이는 눈빛이 된다. 관상의 90퍼센트는 눈이다. 눈이 예쁘면 인상이 전체적으로 예뻐진다. 다른 곳은 성형할 수 있어도 눈은 성형할 수 없다. 눈을 성형하는 최선의 방법은 운동하고, 책을 읽고, 글을 쓰는 것이다.

현재 당신의 눈은 어떤가? 호기심으로 반짝이는가? 아니면 지루함으로 탁해졌는가? 아이처럼 반짝이는 눈을 갖고 싶다면 최선의 방법은 독서다. 공부를 하고 책을 읽으면 된다. 책엄세에서 만나는 엄마들을 보면서 독서가 사람을 변화시키고 사람을 활력 있게 만든다는 걸 몸소 경험하고 있다.

부모의 독서와
아이의 교육

    부모가 되면 늘 빠지지 않는 주제가 '아이 교육'이다. 아이 교육이라고 하면 '공부 잘하는 아이로 키우는 것'을 제일 먼저 떠올린다. 공부를 잘하는 건 물론 중요하다. 하지만 그걸로 충분할까? 공부만 잘하면 잘 키운 걸까?

    난 자기 의견을 적극적이고 분명하게 표현하는 게 공부만큼 중요하다고 생각한다. 최고는 공부도 잘하고 적극적으로 자기 의견을 표현하는 아이다. 최악은 공부도 못하고 자기 의견도 없는 아이다. 현재 한국 학생들은 공부는 좀 하지만 자기 의견이 없거나 있어도 표현 못하는 학생이 많은 것 같다.

자기 의견을 분명하게 표현하는 것

난 요즘 대학 강의를 거의 가지 않는다. 도대체 강의할 기분이 들지 않기 때문이다. 명문 대학 학생이라고 다를 게 없다. 배움에 대한 욕구가 없다. 눈도 마주치지 않고 뭔가 질문해도 답이 돌아오지 않는다. 그들이 내게 뭔가를 질문하는 건 상상하기 어렵다. 한마디로 시들시들하게 다 지쳐 있다. 청춘인데 도대체 어쩌다 저렇게 지쳤을까 싶어 안타깝다. 모두 기성세대의 잘못이라 생각한다. 쓸데없는 공부를 억지로 시켜 '시들시들한 청춘'으로 만들었다. 죄책감이 들면서 동시에 어떻게 하면 다시 싱싱한 청춘으로 만들 수 있을지 고민이다.

그러다 최근 젊은이다운 젊은이를 만났다. 서울아산병원 기획조정실장 김종혁의 자녀들이었다. 둘 다 미국 아이비리그에서 공부했는데, 아들은 프린스턴 대학을 나와 뉴욕 모건스탠리에서 6년째 기업금융자문을 하고 있고 딸은 컬럼비아 대학을 나와 뉴욕 맥킨지에서 컨설턴트를 하고 있단다. 최고의 학벌에 최고의 직업이다.

김 실장에게 아이들을 만나서 코칭을 해달라는 부탁을 받았을 때 속으로 의아했다. '아니, 저렇게 잘난 아이들에게 무슨 이야기를 하지? 오히려 내가 뭔가 배워야 하는 게 아닌가?'라는 의문을 품고 이들을 만났다. 척 보기에도 달랐다.

인물은 볼 것도 없다. 표정이 밝고 씩씩했다. 뭔가 질문을 하면 거기에 대한 자기 의견이 뚜렷했고 쑥스러워하거나 쭈뼛대는 것도 없었다. 설명도 조리 있게 잘했고 자기 삶에 대한 좌표도 분명했다.

난 주로 질문을 하고 답을 들었는데 대충 이런 내용이었다. "나를 만나보라는 아버지 요청이 귀찮지 않았나요?"라는 질문에 둘 다 "아버지가 만나라고 한 것도 있지만 사실 선생님 책을 읽은 데다 평소 아버지께 이야기도 많이 들어 뵙고 싶었다."라고 답했다. 빈말은 아닌 듯했다.

아들이 기업 간 M&A를 한다고 해서 인상적인 경험을 이야기해달라고 했더니 샘소나이트와 튜미의 합병 이야기를 해줬다. 난 처음 듣는 이야기였지만 흥미로워서 지루하지 않았다. 어떤 식으로 일하느냐는 질문에도 귀에 쏙쏙 들어오게 설명했다. 앞으로 뭘 하고 싶으냐는 질문에도 자기 생각이 확실했다. 아버지에 대해 물었더니 "거의 우리들 일에 간섭한 적이 없어요. 알아서 하게끔 뒤에서 지원만 해주세요. 화내는 걸 본 적이 없어요."라고 했다. 난 이들을 보면서 훌륭한 자식을 둔 김 실장이 부러우면서도 자식을 잘 키운 김 실장 내외가 대단하다는 생각이 들었다.

책 읽는 아이이길 바라면서

김종혁 실장이 자녀 교육에 성공한 비결은 뭘까? 난 독서가 비결 중 하나라고 생각한다. 김종혁 실장은 상당한 다독가다. 그의 사무실 책장에는 다양한 분야의 책 수백 권이 꽂혀 있다. 본인도《병원사람들을 위한 행복한 경영 이야기》,《세계병원에서 전략을 배운다》등의 책을 공저로 냈고, 그의 아내도《아이의 자존감, 믿음이 키운다》라는 책을 냈다. 김 실장은 본인만 읽는 게 아니라 직원들에게도 책을 읽도록 권한다. 기획조정실 안에 다수의 독서모임이 있고 이들의 독후감과 이야기를 모아 책을 내기도 했다.

나는 아산병원에서 책 관련 강연과 코칭을 여러 차례 했다. 가장 인상적인 사람은 김 실장의 수행기사인 문경무 씨다. 난 그분의 차를 여러 번 얻어 탔는데 그때마다 책에 관한 이야기를 나눈다. 그는 생전 책을 읽은 적이 없었는데 김 실장의 권유로 책을 읽기 시작해 2년쯤 됐단다. 어떤 변화가 있었는지 물었더니 이렇게 답했다.

"사실 책과는 담을 쌓고 살았습니다. 스마트폰이나 보고 그랬지요. 실장님의 권유로 우연히 책을 읽으면서 책이 재미있다, 배울 게 많다, 더 읽고 싶다는 생각을 처음으로 했습니다. 그랬더니 시간이 잘 갑니다. 재미도 있고 보람도 있어요.

고수의 독서법을 말하다

예전엔 실장님이 늦게 나오면 짜증이 났는데 요즘은 반대입니다. 아직 읽을 게 남았는데 벌써 나오시나 싶은 겁니다. 또 다른 하나는 말하는 게 달라졌다는 피드백입니다. 태생적으로 말 주변이 없어서 아내에게 구박을 받았는데 요즘 아내로부터 달라졌다는 이야기를 들어요. 아이들도 아빠를 대하는 태도가 달라졌어요. 예전엔 아내하고만 이야기를 했는데 요즘은 아들과도 대화가 잘돼요. 책이 제게 준 변화입니다."

사실 아이 교육 이야기는 조심스럽다. 자식 이야기는 함부로 하는 게 아니라고 생각하기 때문이다. 아이 교육에는 변수가 너무 많다. 지극정성으로 키워도 안되는 경우가 있고, 대충 키워도 잘되는 경우도 있다. 뭐라 단정적으로 이야기하기 어려운 주제다. 그럼에도 확실한 한 가지는 있다. 책을 많이 읽어주고, 책을 가까이 하게 하면 성적이든 적극성이든 지금보다 좋아질 확률이 높아진다는 것이다. 부모가 좋은 습관을 가지면 알게 모르게 그게 자녀에게 전해진다. 책 속에 길이 있다는 말은 절대 빈말이 아니다.

세상에서
가장 시끄러운 도서관

유대인은 왜 똑똑할까? 왜 노벨상도 많이 타고, 돈도 많이 버는 것일까? 정말 똑똑할까? 어디선가 유대인이 한국인보다 평균 IQ가 떨어진다는 얘길 들은 적이 있다. 난 IQ가 아니라 교육방법 차이에 주목해야 한다고 생각한다.

한국인 학생들은 조용히 앉아서 선생님 이야기를 듣는다. 수업시간에 떠들거나 질문하면 찍힌다. 유대인 학생들은 반대다. 그들은 수업시간에 시끄럽다. 질문을 주고받으며 서로의 생각을 다듬는다.

질문과 답이 오가는 교실

《공부하는 인간》(정현모 지음, 예담, 2013)이란 책에서 소개된 유대인의 공부법을 인용한다.

유대인 도서관 예시바는 세상에서 가장 시끄러운 곳이다. 예시바에 들어선 순간 놀라서 입을 다물지 못했다. 모두 숨을 죽이고 조용히 책에 집중하는 일반적인 도서관과는 분위기가 너무 달랐기 때문이다. 그곳은 마치 시장처럼 시끄러웠다. 대부분 사람들이 책상 위에 책을 산더미처럼 쌓아두고 다른 사람과 치열하게 토론을 벌이고 있었다. 예시바는 질문을 매개로 한 토론과 논쟁의 공부를 중시하는 유대인의 교육문화를 집약해놓은 공간이었다. 더 흥미로운 건 치열하게 토론을 벌이는 학생들이 서로 모르는 사이라는 점이다. 초면인데 지속적으로 파트너를 바꿔가며 토론을 벌였고, 나이도 전혀 상관하지 않았다. 그들에게 중요한 것은 오로지 토론 주제에 대한 관심이 있느냐 없느냐였다.

유대인 학교뿐 아니라 뉴햄프셔에 위치한 미국 최고의 명문고 필립스 엑시터 아카데미도 그랬다. 그곳의 수업은 하크니스 테이블(harkness table)이라고 불리는 큰 원형 탁자에서 토론

식으로 이루어진다. 큰 원형 탁자에서 교사와 12명의 학생들이 둘러앉아 수업을 한다. 앉아 있는 모든 사람이 상대방을 마주한 채로 질문, 의견, 아이디어가 동등하게 오가며 토론한다. 이런 수업방식 덕분에 필립스 아카데미는 평범한 학교에서 세계 최고의 명문이 될 수 있었다고 한다.

영국의 옥스퍼드대 역시 비슷하다. 이 학교는 질문을 통한 소통과 협력의 공부를 지향한다. 일대일 개인교습을 한다. 교수가 한두 명의 학생을 집중적으로 개별 지도하는 튜터링(tutoring) 수업이다. 질문하고 답을 한다. 혼자 가르치고 받아 적는 것만으론 한계가 있다.

선생님은 이야기하고 학생은 듣는 게 한국의 오랜 교육 풍경이다. 이 방법은 저학년 때는 효과적이지만 학년이 올라갈수록 비효과적이다. 듣는 것보다는 스스로 보고 이해하는 것이 효과적이다. 더 효과적인 건 자신이 이해한 걸 다른 사람들과 나누는 것이다. 말하고 듣고 생각하고 질문하고 토론하는 게 교육이다.

그런데 회사에 들어가 교육을 받아도 강사는 이야기하고 수강생은 듣는다. 임원이 되고 사장이 되어도 이들이 아는 교육은 늘 누군가의 이야기를 듣는 것이다.

내가 아는 어떤 CEO는 일주일에 세 번 조찬강연을 참석

한다. 대단한 열의다. 하지만 내 눈에는 별로 효과적이지 않아 보였다. 공부를 안 하는 사람보다는 낫지만 이런 식으로 좋은 이야기를 쫓아다닌다고 크게 나아지지는 않으리라. 설령 변화가 있다 해도 한계가 있어서 평생을 듣는다고 큰 변화는 기대하기 어렵다.

정리해보면 이렇다. 그냥 듣는 게 제일 아래다. 아는 것 같지만 실은 아는 게 아니다. 안다고 착각하는 것이다. 듣는 것보다는 읽는 게 효과적이다. 들을 때보다 읽을 때 뇌를 더 많이 사용하기 때문이다. 그다음은 읽고 이해하고 이를 요약해보는 것이고, 그다음은 자신의 말로 요약한 것을 다른 사람들과 나누는 것이다. 자기 생각을 말로 표현하고, 다른 사람의 생각을 듣고, 차이를 느낌으로써 훨씬 지식이 풍성해진다. 마지막 배움의 정점은 그런 자신의 생각을 글로 옮기는 것이다.

이상적인 교실 풍경

난 현재의 한국교육에 근본적인 의문을 제기한다. 학교교육, 대학교육은 물론 기업교육도 그렇다. 내가 만일 책임자라면 이렇게 바꾸고 싶다.

첫째, 일방적인 교육은 금지한다. 아주 저학년을 제외하고는 쌍방향 교육을 하겠다. 아주 특별한 경우를 제외하고는 파워포인트를 없애고 특정 논제에 대한 사전 과제물을 읽어 오게 한 후 나름의 방식으로 요약하도록 한다. 질문도 몇 가지 준비하게 한다.

둘째, 발제자는 그날에 임의로 선정한다. 발제자는 내용을 요약하고 논의할 내용을 이야기해야 한다. 질문을 몇 가지 준비하고 왜 이런 질문을 준비했는지 설명할 수 있어야 한다. 무임승차한 학생을 막기 위해 누가 발제자인지 당일에 임의로 선정한다. 모두가 준비를 할 수밖에 없다.

셋째, 이후는 열띤 토론이다. 스스로 생각할 수 있어야 하고, 남의 이야기를 들을 수 있어야 한다. 논리적으로 자기표현을 할 수 있어야 한다. 이런 식으로 하려면 몇 가지 준비가 필요하다. 논제 선정이 중요하고 거기에 맞는 책을 잘 골라야 한다. 또 잘 읽고 이해하는 독서력과 자기 의견을 잘 표현하는 발표력이 필요하다. 읽은 내용을 자신의 언어로 요약할 수 있어야 한다. 이때 사실을 요약하되 그에 대한 자기 의견과 감정을 이야기할 수 있어야 한다. 이를 위해서는 강사나 선생의 역할이 완전 변해야 한다.

이것이 내가 꿈꾸는 대한민국 교육현장이다. 학교교육의

변화에는 시간이 걸리겠지만 기업은 당장 적용할 수 있지 않을까? 그런데 전제조건이 있다. 압도적 지식의 우위를 갖고 넘나든 통찰력, 남과 다른 시각을 가진 퍼실리테이터(facilitator)가 있어야 한다.

난 일방적인 강의가 너무 싫다. 그보다는 불꽃이 튀듯 지적 교류가 일어나는 강의가 좋다. 언제까지 듣기만 할 것인가? 언제까지 자기 생각 없이 남의 이야기만 들을 것인가? 수동태에서 능동태로 바뀌어야 한다.

수동적인 듣기에서 적극적인 말하기로

《13세에 완성되는 유대인 자녀교육》(홍익희·조은혜 지음, 한즈미디어, 2016)
《유대인 창의성의 비밀》(홍익희 지음, 행성B, 2013)
《공부머리 독서법》(최승필 지음, 책구루, 2018)

독서 관련 강의를 다닐 때 제일 많이 받는 질문이 "어떻게 하면 아이가 책을 읽을까요?"다. 내 답은 간단하다. "부모가 책을 열심히 읽으면 아이도 열심히 읽을 것이고 부모가 책을 읽지 않고 스마트폰만 보면 아이 또한 책을 읽지 않을 겁니다."

요즘 손자를 보면서 아이는 어른의 거울이란 말을 새삼 실감한다. 아이는 어른이 하는 대로 따라 한다. 어른이 고운 말을 쓰면 아이도 고운 말을 쓰고 어른이 게으르면 아이도 게으르게 행동한다.

책을 가까이 하는 아이로 키우고 싶은 부모를 위해 책 두 권을 추천한다. 《13세에 완성되는 유대인 아이 교육》과 《유대인 창의성의 비밀》이다. 유대인 관련 책이지만 배울 점이 많다. 핵심 내용을 추려본다.

아이 교육은 13세 이전에 이뤄져야 한다. 유대인 부모들은 아이가 뱃속에 있을 때부터 13세까지 열과 성을 다한다. 교육은 시기에 따라 달라져야 하는데 매우 체계적이다. 아기일 때는 잦은 스킨십이 중요하다. 안정감을 주고 애착관계를 형성해야 한다. 유아 시기에는 식사를 함께하며 가족 간 친밀함을 유지하고 예절을 가르친다. 잠들기 전 책을 읽어주며 상상력과 창의력을 키운다. 호기심이 왕성해지는 초등학생 시기에는 자유롭게 의견을 주고받는 하브루타 토론 교육을 한다. 사고력을 길러주고 역경교육으로 마음을 단단하게 만든다. 또 다른 요소는 창의성이다. 이들 교육의 키워드는 배움, 평등, 질문과 토론, 가정, 공동체 의식 등이다.

여섯 살이 되면 정규 의무교육이 시작된다. 첫날에는 모든 신입생에게 'God love me'란 과자를 만들어 꿀을 발라 먹는다. 배움이 꿀처럼 달콤하다는 것을 상징적으로 알리는 일이다. 유치원에 다니면서는 일주일에 세 번 정도 시나고그가 운영하는 유대학교에 간다. 유대인 학교의 특징은 등수를 매기는 성적표가 존재하지 않는다는 사실이다. 교육과정은 재미있다. 호기심을 자극해 질문을 유도하는 수업을 한다. 학비도 일률적이 아니라 부모 수입에 따라 차등화되어 있다. 13세에는 성인식을 한다. 아이 교육의 책임이 부모로부터 하느님에게로 넘어가는 것이다. 우리의 중2에 해당하는데 아이의 사상과 윤리적 가치가 거의 형성된다고 본다. 성인식의 당사자는 유대 율법 중 한 가지를 갖고 여러 사람 앞에서 설교해야 한다. 1년 동안 설교를 준비하면서 끊임없이 원고를 다듬어 대중 앞에서 발표한다.

내가 생각하는 유대인 교육의 핵심은 능동성이다. 남의 이야기를 수동적으로 듣는 것을 넘어 적극적으로 자기 의견을 생산하고 이야기하게끔 한다. 죽치고 앉아 선생님 말씀을 잘 듣는 게 아니라 뭔가를 읽고 질문하고 토론한다. 신 앞에 모두 평등하다고 생각하기 때문에 일방적으로 누군가의 설교를 듣는 대신 상대가 누군지를 가리지 않고 적극적으로 자기 의견을 이야기한다. 당연히 남 이야기도 들어야 한다.

성인식에서의 강연도 그러하다. 남이 해주는 주례사를 듣는 대신 난 이렇게 살겠다고 선언하게 하는 것과 같다. 이들에게 성인식은 지금부터는 너를 성인으로 인정하겠다는 것이다. 중2 정도의 아이가 많은 사람 앞에서 설교하면서 난 앞

고수의 독서법을 말하다

으로 이렇게 살겠다고 선언하는 것이다. 완전히 패러다임이 다르다. 우리 교육을 이런 식으로 한다며 어떤 일이 일어날까? 난 우리 교육에 이런 유대인 방식을 꼭 도입하고 싶다. 독서 관련해 또 다른 추천 책은 《공부머리 독서법》이다. 다음은 그 책의 핵심 내용이다.

공부를 잘하기 위해서는 지식을 머릿속에 우겨넣는 독서가 아니라 지식을 습득하는 능력과 글을 읽고 이해하는 언어 능력을 키우는 독서를 해야 한다. 이야기책 독서는 다른 사람의 삶을 살아보는 것과 같다. 나와 다른 시공간, 다른 상황에 있는 사람에게 감정이입을 한 채 그 사람이 겪는 사건을 함께 겪어보는 것이다. 그 자체가 타인을 이해할 수 있는 행위다. 사람을 이해하는 능력의 중요성은 아무리 강조해도 지나치지 않다. 대인관계는 가정생활은 물론 학교생활과 사회생활의 기본이기 때문이다. 그 밑바닥이 독서의 힘이다.

책을 읽지 않는다는 건 다른 사람을 이해하지 못한다는 것과 같다. 그런데 책은 어떻게 읽어야 할까? 그냥 책을 잡고 읽으면 될까? 그렇지 않다. 혼자 운동하면 부상당할 가능성이 높다. 책도 그렇다. 독서에도 바른 자세와 방법이 있다. 일단 생각을 하면서 하는 독서, 생각을 많이 하는 독서가 좋은 독서다. 속독은 좋지 않다. 생각할 틈을 주지 않기 때문이다. 책을 읽을 때 발생하는 생각과 감정의 덩어리가 크고 두터울수록 독서 효과도 커진다. 머릿속을 때리는 그 무엇이 있어야 한다.

읽은 후 감정 변화가 있는 것이 좋은 독서다. 이를 위해서는 능동적인 독서를 해야 한다. 핵심은 책 선정이다. 수준에 맞는 책, 재미도 있고 의미도 있는 책을 읽을 수 있어야 한다. 그럼 능동적인 독서를 할 수 있다. 남이 읽지 못하게 해도 스스로 읽게 만드는 책이 좋은 책이다. 그렇게 능동적인 독서가 일어난다.

우리 교육의 문제점은 주로 듣는 공부라는 것이다. 듣고 이해하는 방식 공부는 저학년 때는 효과가 있지만, 학년이 올라가고 공부의 양이 늘면 한계를 보인다. 읽고 이해하면 금방 해치울 공부도 듣고 이해하려면 몇 배의 시간과 에너지를 쏟아야 한다. 뭔가를 듣느라 독서할 시간이 없는 한국 교육의 현실은 치명적이다. 공부는 무엇일까? 공부는 선생님 말을 들으면서 깨닫기보다는 스스로 책을 읽고 이해하는 행위다.

난 저자의 의견에 격하게 동의한다. 우리는 교육이나 배

고수의 독서법을 말하다

움이라고 하면 누군가의 강연이나 설교를 듣는 것으로 생각한다. 그런데 누군가의 이야기를 통해 깊은 지식과 깨달음을 얻는 데에는 한계가 있지 않을까. 지식과 깨달음은 그렇게 쉽게 오지 않는다. 공부는 스스로 해야 한다.

독서는 공부를 시작할 때 좋은 방법이다. 남의 말을 듣는 대신 텍스트를 읽고 이해하고 요약하고 이를 실천해본다. 읽지 못하면 배울 수 없다. 책을 읽으면서 스스로 자신을 돌아보고, 자기 생각을 끄집어내고, 자극을 받아야 한다. 핵심은 자기 의견의 생산이다. 자기 의견을 만들 수 있어야 한다. 그래야 이를 토대로 질문하고, 다른 사람 의견을 듣고 차이점에 대해 이야기를 나눌 수 있다.

교육에서 선생님 말씀을 없앨 수는 없지만 획기적으로 줄여야 한다. 대신 읽게 하고, 질문하고 토론하게 하고, 이 과정을 통해 스스로 공부하는 즐거움, 나누는 즐거움, 깨닫는 즐거움을 알게 해야 한다. 이것이 내가 생각하는 교육 혁명이다. 시작은 독서다. 텍스트를 읽는 것이다. 읽기 없이 배움은 없다.

4장

고수의 독서 목록에는 '좋은' 책만 있다

일부러
낯설고 불편한 책을 읽는다

내가 쓴 《채용이 전부다》로 독서토론회를 진행할 때의 일이다. 돌아가면서 읽은 소감을 이야기하는데 어느 팀장의 말이 인상 깊었다. "솔직히 이 책을 읽는 내내 불편했습니다. 자꾸 자신에게 질문을 던지게 됩니다. '나는 어떤가? 채용할 만한 인재인가? 채용해서는 안 될 사람인가?' 결론은 이랬습니다. 난 정말 준비되지 않은 사람이고 너무 부족한 면이 많아서 많이 변화하고 성장하지 않으면 채용시장에서는 아웃이라고요."

책을 왜 읽어야 할까? 어떤 책이 좋은 책일까? 책을 어떻게 읽어야 할까? 모두 한마디로 간단히 답하기는 곤란한 질문이지만 분명한 사실 한 가지는 있다. 나를 불편하게 하는 책을 읽어야 한다는 것이다. 책을 읽으면서 끊임없이 자신을 돌아볼 수 있어야 한다.

앞에서 언급한 팀장에게 나는 이렇게 논평했다. "팀장님은 제대로 된 방법으로 책을 읽고 있습니다. 사람이 언제 성장할까요? 뭔가 힘들고 괴롭고 불편할 때 성장합니다. 독서도 불편하게 하는 책을 읽을 때 성장합니다. 책을 읽으면 자신을 돌아보게 됩니다. 나는 어떻지? 나는 괜찮나? 내가 여기 해당하는 건 아닌가? 자기반성 모드로 들어갑니다. 자신을 보면서 잘하는 점과 개선점을 찾게 되고 그러면서 조금씩 발전하는 겁니다."

난 편견이 심한 편이다. 책이나 저자에 대해서도 그렇다. 좋아하는 장르, 저자의 책만 읽고 나머지는 잘 읽지 않는 편이다. 그런데 책 소개를 하다 보면 읽고 싶지 않은 책도 읽어야 한다. 소개하고 싶지 않은 책도 소개할 수밖에 없는 경우가 있다. 중요한 건 낯선 책을 읽을 때 스파크가 튄다는 것이다. 새로운 생각을 하게 되고 사고의 폭이 넓어지는 걸 느낀다. 매일 비슷비슷한 사람과 만나고 밥 먹고 일하는 건 편할지는 몰라도 불꽃은 튀지 않는다. 불꽃은 낯선 것, 불편한 걸

고수의 독서법을 말하다

만날 때 발생한다. 불편한 책을 읽어야 성장할 수 있다.

　세상에서 가장 위험한 일은 한 권의 책만을 읽고 그 주장을 전적으로 믿고 신뢰하는 것이다. 다른 종교에 대해서는 전혀 모른 채 자기 종교만이 최고라고 주장하는 건 그래서 위험하다. 그건 제대로 된 종교 행위가 아니다. 내 종교를 제대로 이해하기 위해서는 내 종교만큼 다른 종교에 대한 식견이 있어야 한다. 예수를 믿는 사람은 이슬람이나 불교 경전을 공부해야 하고 불교를 믿는 사람 역시 기독교나 자이나교에 대해 공부해야 한다. 제대로 좌파활동을 하려면 우파의 책을 읽어야 하고 우파 역시 좌파의 글을 읽어야 한다. 그래야 서로를 이해할 수 있다.

　독서는 변화와 성장을 위한 도구다. 당연히 나와 다른 생각을 가진 책, 새로운 세상, 낯선 생각을 하게끔 하는 책을 읽어야 한다. 좋은 책은 기존의 옹졸한 내 생각을 도끼로 부수는 책이다. 나를 불편하게 만드는 책, 기존의 내 생각을 의심하게 만드는 책이 좋은 책이다. 그래야 생각의 근육을 키울 수 있고, 내가 가지고 있는 편견과 고정관념을 깨고, 그동안 보지 못했던 것을 볼 수 있다. "가장 필요한 책은 가장 많이 생각하게 하는 책이다." 마크 트웨인이 한 말이다.

누구에게나 좋은 책보다 지금 나에게 필요한 책

책 소개가 직업이다 보니 좋은 책을 추천해달라는 요청을 자주 받는다. 난 이럴 때 "관심 분야 혹은 고민하는 분야가 있나요?"란 질문을 다시 던진다. 대부분 '그냥 좋은 책'을 소개해달란다. 마치 좋은 사람 있으면 소개해달라는 요청과 비슷하다. '좋은'이라는 형용사가 그럴듯하지만 사실 이만큼 막연한 게 또 없다. 좋은 책을 소개해달라는 요청은 자신이 생각해야 할 바를 남에게 넘기는 것으로 어떻게 보면 게으름을 피우는 꼴이다.

적어도 좋은 책을 소개받으려면 명확한 논제를 함께 주어야 한다. 무엇에 관심이 있는지, 어떤 고민이 있는지를 분명히 해야 한다. 그냥 좋은 책을 추천해달라고 하면 추천이 어렵다. 자신이 현재 이러이러한 상황이고 이런 문제 때문에 힘이 드는데 이럴 때 도움이 될 만한 책을 좀 추천해달라고 하면 꽤 괜찮은 책을 소개해줄 수 있다. 다음은 명확한 논제를 주어 제대로 된 책 추천을 해줄 수 있었던 사례다.

갑작스런 부서 이동으로 난감할 때

"연구소에서 10년쯤 연구원으로 근무했습니다. 그런데 갑자기 본사로부터 인사업무 발령을 받았습니다. 사람에게 관심이 많고 현장 경험도 많기 때문에 적임자란 것이지요. 10년간 하던 일을 버리고 완전히 다른 일을 하게 됐는데…. 두렵습니다. 이럴 때 어떤 책을 읽으면 좋을까요?" 강의 중에 책을 추천해달라며 요청이 들어왔다. 구체적인 상황을 설명해주었기 때문에 추천해줄 만한 책이 금세 떠올랐다.《루키 스마트》(리즈 와이즈먼 지음, 김태훈 옮김, 한국경제신문사, 2015)란 책을 추천했다. 이 책의 개요는 이렇다.

제목 그대로 루키들이 일을 스마트하게 잘한다는 것인데, 여기서의 루키는 신입사원이 아니라 오랫동안 특정 분야 일을 하다가 그 일과는 무관한 일을 하게 된 사람을 말한다. 회사에서 본인이 원하지 않는 부서나 장소로 이동하는 일은 비일비재하게 일어난다. 이런 일이 벌어지면 대부분의 사람은 '내가 물을 먹었나?', '왜 나를 여기에 보냈지?', '내가 이 일을 잘할 수 있을까?', '거기에 대해서는 완전 백지인데 어쩌지?', '그럼 그동안의 경력은 끝나는 건가?' 등 부정적으로 반응한다. 물론 걱정할 부분이 전혀 없는 건 아니지만 그렇지 않은 부분도 있음을 이 책은 강조한다.

루키의 특징은 겸손이다. 새로운 분야에 진입했기 때문에 아는 것이 없다. 당연히 눈치를 보고 이 사람 저 사람에게 물어본다. 책도 찾아보고 혼자 집에서 공부도 한다. 무엇보다 루키는 '왜 이렇게 일할까?', '저런 프로세스가 꼭 필요할까?' 하고 의심을 많이 한다. 루키가 모든 혁신을 일으키는 이유도 이 때문이다. 하는 일이 바뀐 사람, 완전히 다른 부서의 일을 하게 된 사람에게 긍정적인 메시지를 주기 때문에 추천하는 책이다.

어려운 상대에게 요청을 해야 할 때

책을 추천해달라는 요청을 받아서 책을 읽어야겠다는 생각을 왜 하게 되었는지, 특별한 고민이 있는지 물었다. 그러자 "기회 되면 마케팅부서로 옮기고 싶은데 어떻게 해야 하나요?"라고 속내를 보이기에 "그런 사실을 상사나 마케팅부서장에게 이야기한 적이 있나요?" 하고 물었다. "그런 요청을 해도 되는지, 괜히 찍히지나 않을지 걱정이 되어 묻지 못했습니다."라고 하기에 "요청하지도 않았는데 알아서 마케팅부서에서 당신을 찾을까요? 그런 일이 일어날까요?" 하고 되물었다. 그리고 《요청의 힘》(김찬배 지음, 올림, 2014)이란 책을 추천했다.

대개의 사람들은 요청하지 않으면서 뭔가 이루어지길 기대한다. 이 책의 핵심 중 하나는 서먹한 사이일수록 요청을 해야 친해진다는 것이다. '일단 요청하라', '거절에 대한 두려움을 버려라', '요청을 하는 건 내가 할 일이고 그걸 들어줄지 말지는 그 사람이 할 일이다', '쓸데없이 상대 일까지 당신이 걱정하지 마라', '요청을 들어줄 수 있는 사람에게 요청해야 한다' 등 요청 방법을 상세히 알려준다. 요청할 게 있으면서 차일피일 미루는 사람에게 추천하는 책이다.

초면인 사람과의 어색함을 깨고 싶을 때

"전 안면을 트거나 친한 사람하고는 이야기를 잘 나누는데 처음에 말문을 트는 것이 너무 힘듭니다. 처음 보는 사람과 어떻게 하면 부드럽게 이야기를 잘 나눌 수 있을까요?"라며 책을 추천해달라고 해서 《잡담이 능력이다》(사이토 다카시 지음, 장은주 옮김, 위즈덤하우스, 2014)란 책을 추천했다. 이 책의 개요는 이렇다.

누구나 처음부터 본론에 들어가지 않는다. 날씨 이야기도 하고, 최근 뉴스에 관한 이야기도 하면서 친근함을 나누다 본론에 도달한다. 그렇기 때문에 누구하고나 쉽게 잡담하는 능력을 키워야 한다. 그런데 왜 잡담을 하지 못할까? 왜 말을 먼저 건네지 못할까? 에고가 너무 강하기 때문에 잡담을 했을 때 상대에게 이상한 사람 취급을 당할까 두렵기 때문에 그렇다. 잡담을 하기 위해서는 자신을 오픈하고 자신보다는 상대를 생각해야 하며 자신을 내려놓을 수 있어야 한다. 이런 능력이 일정 수준이 되어야 잡담을 할 수 있는 것이다. 잡담이라고 하면 얼핏 사소해 보이는 주제인데, 초면에 어색함을 깨는 데 어려움을 겪는 이들에게 실질적인 도움을 주는 책이다. 특히 사람 상대하는 일을 하는 사람에게 추천한다.

독서력이 쌓이면 올바른 책을 고르는 눈이 길러진다. 독서 내공이 탄탄하면 '지금의 나'에게 필요한 책을 고를 수 있다. 당장 책 고르기가 어렵다면 독서력이 있는 주변 사람에게 추천을 요청하자. 이때 책을 읽으려는 목적을 토대로 현재 상황을 가능한 한 자세하게 알려주어야 한다. 이 또한 어렵다면 책의 선정기준을 구체적으로 제안하는 것도 좋다, 지식을 선도하는가? 고정관념을 깨는가? 감동적인가? 재미가 있는가? 뭔가 배울 게 있는가? 새로운 그 무언가가 있는가?

지금의 나에게
좋은 책을 고르는 법

    좋은 책이란 현재 내게 필요한 정보를 주는 책, 목적에 부합하는 책, 관심이 가는 책, 손을 놓을 수 없을 정도로 몰입이 되는 책이다. 사랑에 빠진 사람에게는 사랑의 감정을 즐길 수 있는 연애 시집이 좋은 책이다. 가족을 잃고 슬픔에 빠진 사람에게는 슬픔을 위로해줄 수 있는 책이 좋은 책이다. 외환 위기 무렵 회사를 그만둔 내게 구본형 소장이 쓴 《익숙한 것과의 결별》은 내가 새로운 길을 찾는 데 큰 힘이 되었다. 이처럼 자신이 처한 상황에 딱 필요한 책이 좋은 책이다.

좋은 책이란

개권유익(開卷有益)이란 말이 있다. 책은 읽는 것만으로도 유익하다는 말로 송 태종이 한 말이다. 동의하지만 책 외에 다른 정보전달 수단이 많아진 지금은 책도 다른 것과 경쟁을 해야 한다. 유익한 것만으로는 충분치 않다.

좋은 책이란 유익하면서 동시에 재미있고 읽기 쉬우며 다 읽은 후 무언가가 남아야 한다. 내가 생각하는 좋은 책은 끝까지 읽지 않고는 못 견디게 만드는 책이다. 아껴서 읽고 싶고, 두고두고 읽고 싶고, 읽은 후 큰 감동이 밀려오거나, 새로운 행동을 하게 하거나, 나도 모르게 그 책에 대해 이야기하게 만드는 책이다. 읽은 후 자꾸 그 책에 대해 생각하게 만드는 책이다.

법정스님은 좋은 책에 대해 이렇게 말했다. "진짜 양서는 읽다가 자주 덮이는 책이어야 한다. 한두 구절이 우리에게 많은 생각을 주기 때문이다. 읽고 나서 남에게 자신 있게 권할 수 있는 책이 좋은 책이다. 읽을 때마다 새롭게 배울 수 있는 책, 잠든 내 영혼을 불러일으켜 삶의 의미와 기쁨을 안겨주는 그런 책은 수명이 길다."

좋은 책은 끌리는 책이다. 남들이 아무리 좋다고 해도 그 논제에 관심이 없으면 책은 눈에 들어오지 않는다. 다소 딱

딱하고 어려운 책이라도 관심 있는 분야라면 눈에 쏙쏙 들어온다. 나는 엔지니어에서 컨설턴트로 직업을 바꾸었다. 컨설턴트 초기에는 경영학 관련 책을 집중적으로 읽었다. 일정 공력을 갖추지 않으면 생존이 불가능했기 때문이다. 어느 정도 배고픔이 해소되자 경영학 책은 덜 읽게 되었고 이상하게 심리학 책에 손이 갔다. 경영은 사람의 마음을 움직이는 것이란 생각이 들었기 때문이다. 심리학 다음은 역사로 옮겨가고…. 요즘은 개인의 삶에 관심이 많아서 인터뷰 관련 책, 자서전, 평전 등을 많이 읽는다.

전에 읽었던 책이라도 나중에 읽었을 때 다르게 와닿을 수 있다. 그동안 살면서 쌓은 경험의 차이 때문이다. 이와 관련하여 임어당은 이렇게 말했다. "청년으로서 글을 읽는 것은 울타리 사이로 달을 바라보는 것과 같고, 중년으로서 글을 읽는 것은 자기 집 뜰에서 달을 바라보는 것과 같으며, 노년에 글을 읽는 것은 발코니에서 달을 바라보는 것과 같다. 독서의 깊이가 체험에 따라서 다르기 때문이다."

좋은 책을 고르는 요령

옷도 사본 사람이 잘 사고, 음식도 먹어본 사람이 잘 먹는다. 예술계 거장의 특징은 다작(多作)이다. 많이 그리고 쓰다 보면

고수의 독서법을 말하다

거장이 되는 것이다. 책도 그렇다. 책을 잘 고르려면 일단 많이 사보고 또 많이 읽어야 한다. 투자를 많이 하고 실패도 맛봐야 한다. 내 경우 1년에 200권 정도의 책을 읽은 지 20년째다. 시간이 지날수록 책을 보는 안목이 좋아지고 있지만 아직 좋은 책을 고른 확률은 3할을 넘지 못하고 있다. 그래도 나름의 책 고르는 요령이 생겨 소개한다.

첫 번째 요령은 저자다. 나는 좋아하는 작가의 책은 무조건 산다. 국내작가로는 최인호, 박완서, 구본형, 조용헌, 법정스님을 좋아한다. 외국작가로는 피터 드러커, 스티븐 코비, 제러미 리프킨, 로버트 치알디니, 팀 하포드, 말콤 글래드웰, 제러드 다이아몬드를 좋아한다.

처음 보는 저자는 프로필을 확인하고 경력이 명확하지 않으면 사지 않는다. 자기를 정확히 밝히지 않고 지리산에서 도를 닦다 내려왔다는 식으로 말하는 사람은 신뢰가 가지 않기 때문이다.

두 번째 요령은 서문이다. 서문에는 저자가 책을 통해 이야기하고 싶은 핵심 메시지가 담겨 있다. 그래서 웬만한 책은 서문만 보면 무슨 말을 하려는지 알 수 있다. 서문 자체가 흥미롭고 관심이 가면 구입하지만 무슨 말을 하려는지 알 수 없거나 뻔한 소리를 하면 사지 않는다. 역서는 역자 후기를 읽는다.

세 번째 요령은 구입 경로다. 나는 불가피한 경우가 아니면 인터넷으로는 책을 사지 않는다. 내 기대와 어긋난 경우가 많았기 때문이다. 대신 주기적으로 직접 서점에 가서 고른다. 서점도 여러 곳을 이용한다. 서점마다 전시 방법이 다르기 때문에 이 서점에서는 눈에 띄지 않았던 양서가 다른 서점에서 발견하는 경우가 종종 있어서다.

네 번째 요령은 믿을 만한 서평이다. 가장 보편적인 방법은 주말 신문 서평이다. 나는 일반 신문 두 부와 경제신문 한 부를 보는데 서평을 꼼꼼히 읽고 눈에 띄는 책은 메모한다. 주간지 혹은 잡지의 서평도 열심히 읽는다. 또 지인이나 인터뷰하는 CEO들에게 요즘 어떤 책을 읽는지, 최근 읽은 책 중에서 감동받은 책이 있는지를 자주 질문한다. 그런 정보를 바탕으로 직접 서점에 가서 책을 고른다.

그 밖에 출판사도 참고한다. 저자가 확실한 경우는 출판사를 보지 않지만 저자도 불확실한데 출판사까지 불확실하면 신뢰하기 어렵기 때문이다. 또 책의 글씨 크기와 두께도 본다. 글씨가 작으면 아예 고르지 않는다. 너무 두꺼운 책도 사양한다. 적당한 두께에 글씨 크기와 행간이 시원시원하면 가점을 준다.

고수의 독서법을 말하다

인간의 건강은 그가 먹는 것에 의해 좌우되고 사람의 인격은 그가 읽는 것에 의해 만들어진다. 좋은 책이 우리에게 중요한 이유다. 그런데 좋은 책을 읽는 것보다 더 중요한 것은 열정을 유지하는 것이다. 읽고 싶은 책이 계속 나타나는 것은 정신이 살아 있다는 증거다. 읽고 싶은 책이 없다는 것은 정신적인 죽음이나 마찬가지다. 난 죽는 날까지 책 속에 파묻혀 살다 가고 싶다.

책은 꼭 처음부터 끝까지 읽어야 할까?

나는 직감을 믿는 편이다. 사람에 대해서는 특히 그렇다. 만나지 않고 소통하는 상대라면 목소리를 들었을 때의 직감을 중시한다. 목소리에는 뜻밖에 많은 정보가 담겨 있다. 신뢰가 가는 목소리가 있는가 하면 잡상인 같아서 나도 모르게 경계심이 드는 목소리도 있다.

직접 만나게 되면 직감에 더욱 집중한다. 너무 어두운 사람이 있는가 하면 얼굴에서 광채가 나는 사람이 있다. 외모를 떠나서 뭔지 말로 설명하긴 어렵지만 어떤 직감이 있다. 이야기를 나눠보면 더 확실해진다. 더 만나고 싶은 사람이

고수의 독서법을 말하다

있는가 하면 그렇지 않은 사람도 있다. 지금껏 첫 직감이 대부분 맞았다. 처음엔 아니었는데 나중에 보니 달라지는 경우는 드물었다.

책에도 첫인상이 있다. 맘에 드는 책은 아무 부분이나 읽어봐도 맘에 든다. 어느 부분부터 시작해도 몰입해 읽게 된다. 아닌 책은 처음부터 끝까지 읽어도 별로다. "책을 처음부터 끝까지 읽어야 하나요?"라는 질문을 참 많이 받는다. 그럴 필요 없다는 게 내 답이다. 마음이 안 가는 책을 끝까지 읽을 만큼 한가한 독자는 없다. 독자의 마음을 사로잡지 못한 그 책은 고객 확보에 실패한 것이다.

독자를 사로잡기 위한 기본이 있다

난 북멘토로 수년째 활동하고 있다. 북멘토의 역할은 이 달의 괜찮은 신간을 선정하는 것이다. 교보문고에서 1차로 선정한 신간 열 권을 매달 내게 보내온다. 난 그중 괜찮은 도서 다섯 권을 추리고 이유를 쓴다. 솔직히 다 읽을 수는 없다. 읽기도 어렵고 읽을 필요성도 느끼지 않는다. 뻔한 책, 잘 읽히지 않는 책은 조금 읽다가 바로 덮는다. 진부한 주제의 책을 읽을 이유가 없다. 당연히 신간 선정 목록에서 제외한다.

선정 기준은 첫째, 참신함이다. 한 번도 생각하지 못한 것, 남들이 경험하지 못한 것에 관한 내용을 선호한다. 둘째, 호소력이다. 같은 내용이라도 너무 억지스런 논리는 뽑지 않는다. 합리적이고 조용조용 이야기하지만 내 맘에 와닿는 책을 뽑는다. 셋째, 가독성이다. 잘 읽혀야 한다. 번역서의 경우 가독성이 많이 떨어진다. 쓸데없이 사례가 너무 많고 주저리주저리 떠드는 책이 많다. 별 이야기도 아닌데 왜 그렇게 길고 지루하게 쓰는지 알다가도 모를 일이다. 거기에 번역자의 이상한 번역이 더해지면 대략 난감이다. 영어를 글자 그대로 옮기기라도 했는지 정말 어색해서 도저히 읽을 수가 없다. 그러다 결정적인 오류를 발견하면 난 책을 덮는다. 한번은 NBA 팀 중 하나인 보스턴셀틱스 이야기를 하는데 보스턴캘틱스란다. 난 더 이상 그 번역자의 책을 읽고 싶지 않았다.

어떤 내용인지 알고 싶으면 머리말을 보라

책을 읽게 하려면 우선 경쟁력을 갖춰야 한다. 참신한 콘텐츠, 한 번 잡으면 절대 놓지 않게 하는 매력, 저자만의 멋진 상상력…. 그런데 대부분의 책은 그렇지 못하다. 그래서 난 책을 다 읽지 않는다. 대부분 머리말과 한두 챕터 정도 읽고 치운다. 더 이상 읽어야 할 이유가 없다. 필요한 부분만 뽑아서 읽는 경우도 있다.

난 머리말을 가장 열심히 읽는다 머리말에서 저자는 이 책을 왜 썼는지, 어떤 내용인지를 대강 밝히기 때문이다. 이와 관련하여 《나는 매일 책을 읽기로 했다》의 저자 김범준의 생각이 비슷하여 인용한다.

머리말은 독자에게 말을 거는 부분이다. 책을 쓴 계기나 배경, 전체 내용의 요약, 책의 의의 등이 포함되어 있다. 핵심을 빠르게 파악하기 위한 최선의 부분이다. 머리말을 읽으면 독후효과뿐 아니라 주제가 어떻게 진행될지 미리 예측할 수 있다. 여기에 책 내용을 요약해주는 부분이 있다면 더 좋다. 머리말을 보면 문체도 알 수 있다. 말에는 말투가 있듯 글에도 문체가 있다. 말투에 따라 인상이 바뀌는 것처럼 문체에 따라 책도 달라진다. 간결하고 명료하게 말하는 문체가 있고, 길더라도 비유와 사례를 적절히 섞어가며 정확하게 설명하는 문체가 있다.

난 1년에 거의 500권의 책을 접하고 200권의 책을 읽어야 한다. 나이 들어 눈도 침침해지는데 이 책을 다 읽는다는 건 물리적으로 불가능하다. 책 소개가 직업이 된 이후 아는 게 늘어나 웬만한 책은 보는 순간 무슨 소리를 하려는지 판단이 서기 때문에 다 읽을 필요도 없다. 무엇보다 내가 세운 커트 라인을 통과하는 책이 그리 많지 않다.

　결론은 명확하다. 요즘 같은 시대에 무엇 때문에 책을 처음부터 끝까지 다 읽는가? 아니다 싶으면 죄책감 없이 책을 덮고 버리든지 남에게 줘라. 책을 다 읽지 않은 건 내 책임이 아니라 저자의 책임이다.

고수의 독서법을 말하다

머리말을 읽고 나서
지갑을 열지 판단한다

나는 강의를 많이 하는 만큼 남들보다 많은 강의를 듣는다. 오프라인 강의도 듣지만 온라인 강의도 많이 듣는다. 가장 많이 듣는 건 세리시이오(https://m.sericeo.org)에 올라오는 동영상 강의다. 하루에 네 개씩 새로운 동영상이 올라온다. 기술 변화부터 인문학 강의까지 주제가 다양하다. 짧게는 8분짜리부터 길게는 한 시간이 넘는 것까지 있다.

거의 20년 가까이 다른 사람의 강의를 챙겨 보고 있는데 나름의 기준으로 골라서 본다. 어떤 사람의 강의는 열심히 찾아 듣고 어떤 사람 강의는 거의 듣지 않는다. 관심 분야가 아닌 것도 이유지만 결정적으로 끌리지 않기 때문이다. 대부분 높은 수준의 훌륭한 강의인데 왜 나는 '골라서' 들을까? 이 부분을 생각하며 내 강의는 어떤지 돌아보곤 한다. '어떻게 하면 강의를 잘하고 글을 잘 쓸 수 있을까?'는 영원한 내 화두다.

초반에 승부한다

강의의 성패 여부는 초반에 결정된다. 처음 5분 정도 들으면 이 강의가 괜찮을지, 그렇지 않을지를 바로 알 수 있다. 처음에 아닌 강의는 끝까지 별로고, 처음에 확 빨려 들어가면 끝까지 괜찮을 확률이 높다. 강의 초반의 주의 집중이 핵심이다. 사람들의 관심을 확 잡아끌 수 있어야 한다. 방법은 몇가지 있다. 뭔가 재미있는 이야기를 하거나, 도움이 되는 정보를 주거나, 반전이 있거나, 관중을 깜짝 놀라게 할 그 무엇이 있어야 한다.

난 이런 식으로 한다. 경상도가 왜 경상도인지 아느냐고 질문한다. 몇 명은 경주와 상주의 줄인 말이라고 답한다. 정답이다. 이어 전라도와 충청도에 대해 물으면 쉽게 답한다. 거기서 한 단계 더 나아간 질문을 한다. 이 동네의 공통점을 묻는다. 대부분 잘나갔던 동네, 큰 동네라고 답한다. 내가 생

고수의 독서법을 말하다

각하는 정답은 기차가 지나가지 않는 동네다. 기득권층이 반대를 해서 기차가 들어오지 못했기 때문이다. 이런 식으로 청중의 주의를 끈 다음 내가 하고 싶은 이야기를 한다.

어떤 책인지 궁금하다면

강의처럼 책도 몇 장 읽어보면 이 책을 사야 할지, 말아야 할지 바로 알 수 있다. 머리말이 그 역할을 한다. 머리말이란 책을 다 쓴 후 마지막에 쓰는 말이다. 머리에 위치하기 때문에 머리말이지만 사실 최후에 쓰는 글이다.

나는 머리말에서 '내가 왜 이 책을 썼는지'를 소상하게 밝힌다. 《고수의 질문법》이란 책을 쓸 때 처음 질문에 꽂힌 사건을 언급하며 그때 스파크가 튀면서 뭔가 더 알고 싶은 마음이 생겼다는 이야기를 한 후 질문이 왜 중요하고, 이걸 위해서는 무얼 어떻게 해야 한다는 말을 했다. 물론 사람들이 흥미를 가질 만한 사례도 몇 가지 소개했다.

머리말에서 저자는 한마디로 사람들에게 '내가 이런 이유로 이런 책을 썼는데 한번 읽어봐주시겠어요?'라고 말을 건네는 것이다. 그렇기 때문에 머리말을 보면 저자가 어떤 사람인지, 무슨 목적으로 이 책을 썼는지, 대강의 내용이 어떤지를 알 수 있다. 핵심 내용도 미루어 짐작할 수 있다.

머리말을 깊이 읽는다

세상에 책은 차고도 넘친다. 내가 이러는 사이에도 수많은 책이 제발 자기를 사서 읽으라고 아우성을 친다. 제대로 된 책을 사야 제대로 된 독서의 기쁨을 얻을 수 있다. 그런 의미에서 독서의 시작은 제대로 된 책을 사는 것이라 할 수 있다.

그런데 제대로 된 책을 사는 건 생각처럼 쉽지 않다. 나처럼 전문적으로 책을 사는 사람도 열 권을 사면 일곱 권은 실패다. 이를 줄이는 최선의 방법은 머리말을 읽는 것이다. 그냥 읽는 게 아니고 꼼꼼하게 읽어야 한다.

변수가 하나 있다. 머리말을 보고 샀는데 막상 본문을 읽으면 잘 읽히지 않는 경우다. 난 과감하게 읽지 말 것을 권한다. 좋은 책 읽을 시간도 없는데 무엇 때문에 안 읽히는 책을 억지로 읽는단 말인가.

"정보 부족이 아니라 정보 과잉의 세상이다. 세상에는 책이 너무 많고, 시간은 너무 부족하다. 현실적으로 다 읽을 수도 없고, 다 읽을 필요도 없다. 첫 10쪽을 읽고 더 읽어야 할지 말지를 결정하라."

《호모데우스》의 저자 유발 하라리의 말인데 전적으로 동감

한다. 머리말을 읽고 살지 말지를 결정하라. 읽히면 끝까지 읽고 안 읽히면 중간에 포기하라. 내가 쓰는 전략이다.

책 읽기 좋은
시간과 장소를 정해본다

나는 주로 따뜻한 오후 시간에 침대에서 책을 읽는다. 매일 그런 건 아니고 시간될 때 날을 잡아 미루어두었던 책을 열 권 이상 늘어놓고 읽는다. 대부분의 책은 머리말을 읽고 끝이다. 더 이상 끌리지도 않고 대충 무슨 말을 하는지 알겠고 새로울 것도 흥미로울 것도 없는 책과의 인연은 머리말까지다. 머리말을 읽고 몇 챕터를 더 읽는 경우가 있다. 이쯤해서 또 많은 책의 인연이 끝난다. 더 이상 읽고 싶지 않은 책은 미련 없이 책을 덮는다. 드물지만 끝까지 읽고 싶은 책을 발견하면 정말 기쁘다. 그런 책은 아껴서 야금야금 읽는다. 이런 식으로 걸러내면서 읽으면 서너 시간에 열 권도 소화할 수 있다.

자투리 시간을 활용한다

가장 독서가 잘되는 순간은 여행 중이다. 여행 중에는 의외로 날려버리는 시간이 많다. 탑승 수속, 출발 대기, 비행기 이동시간, 호텔까지의 이동시간 등 기다리는 시간이 많다. 나는 그중에서도 공항에서 보내는 시간 동안 가장 많은 책을 읽는다. 2020년 봄 이후로 줄어들었지만, 그전만 해도 제주도, 일본, 중국에 짧은 일정으로 방문하는 일이 잦았다.

한번은 업무 차 중국 광저우에 1박 2일로 출장을 간 일이 있었다. 1박 2일이니까 네 권의 책을 준비했다. 겨우 이틀이라 네 권은 많지 않을까 생각했는데 그게 아니었다. 자투리 시간이 의외로 많았고 같이 간 일행들이 담소 나누기보다 책 읽기를 즐겨 나도 덩달아 책을 읽게 되었다. 저녁에도 간단히 저녁만 먹고 헤어져 호텔에서 잠들기 전까지 책을 읽었다. 일찍 일어나 새벽에도 책을 읽었다. 귀국을 앞두고 가져간 책 네 권을 다 읽었다. 돌아오는 비행기가 무려 네 시간을 연착했는데 읽을 책이 떨어진 것이다. 한 시간도 아니고 네 시간이나 기다려야 하는데 책이 없어서 당황했다. 그때만큼 내가 책을 덜 가져온 걸 후회한 적이 없다.

책을 언제 읽을지는 사람마다 상황마다 다르다. 정답은 없다. 내가 생각하는 최선의 책 읽기는 틈틈이, 짬짬이, 되는 대로 읽는 것이다. 난 약속시간에 늘 미리 가서 기다리는 편이다. 약속시간까지의 그 자투리 시간에 책을 읽기 위해서다. 자투리 시간을 알차게 쓸 수 있는 데다 상대가 올 때까지 시시각각 시계를 확인하며 신경을 쓰지 않아도 된다. 또 여유 있는 모습으로 상대에게 좋은 인상을 줄 수 있다.

책 읽기가 잘되는 장소를 찾아봐도 좋다

사람마다 선호하는 독서 장소는 다른 것 같다. 영화평론가 이동진은 욕조에서 읽는 걸 좋아한단다. PD이자 작가인 정혜윤은 나처럼 침대에서 읽는다고 한다. 소설가 백영옥은 기차 혹은 전철에서 책이 잘 읽힌다면서 이런 이야기를 한다. "독서는 철도여행 초기부터 필수요소이자, 원하지 않는 대화를 피하는 수단이었다. 출판사들은 이런 수요에 빠르게 부응했다. 고전과 현대작품을 가리지 않고 싼값의 책을 내놓았던 것이다. 문고본 탄생의 배경으로 철도가 거론되는 이유다."

자투리 독서를 잘하는 사람은 책 쓰는 피디 김민식이다.

그의 강의 동영상을 재미있게 보아서 그가 쓴 《영어책 한 권 외워봤니?》(위즈덤하우스, 2017)도 봤는데, 참 매력 있는 사람이었다. 그중에서 자투리 독서법에 관한 부분을 인용한다.

나의 경우 지하철 출근길 30분 동안 처음으로 잡은 책을 30페이지 정도 읽게 되었다. 그런데 한 번 진도가 나가면 계속 끌고 가고 싶은 심리가 생긴다. 일종의 관성이다. 그래서 화장실을 갈 때나, 점심 식사 후 시간이 남을 때, 혹은 업무 후 시간이 남을 때도 틈틈이 읽는 습관이 생긴다. 더군다나 50페이지 정도 남았다면 20페이지는 회사에서 해결하고 퇴근하고 싶은 욕구가 강하게 생긴다. 그래야 지하철 퇴근길에서 한 권을 마무리할 수 있기 때문이다. (하차하기 전에 책 한 권을 끝내면 그 기분은 정말 끝내준다!) 그 결과 2015년에는 100권을 돌파했다. 스스로 대견스러울 만큼 놀라운 결과였다. 이미 습관으로 형성된 것은 물론, 자신감도 충만해졌다. 무엇보다 강력한 신조가 생겼다. 사람의 마음을 끌고 가는 것은 뚜렷한 목표가 아니라 작은 실천이다!

책 읽기 좋은 3대 장소를 알고 있는가? 침상, 말 안장, 화장실이 그것이다. 송나라 구양수는 "책을 읽고자 하는 뜻이

진실하다면 장소는 문제될 게 없다"고 했다. 중국의 석학 증국번도 이와 관련해 이렇게 말한다. "공부하고 싶으면 시골 학교에서도 되고 사막에서도 되며 번잡한 시장에서도 가능하다. 또한 한낱 목동 일을 하거나 나무를 지고 오면서도 가능하다. 공부할 의지가 없다면 서울 학교뿐 아니라 조용한 신선들이 사는 섬도 공부에 부적당하다." 당신에게 최고의 독서 장소는 어딘가? 언제 책이 가장 잘 읽히는가?

고수의 독서법을 말하다

조용히 즐겁게
'고독한 독서가'를 자처하다

　주변에 생전 책 한 권 읽지 않는 사람이 수두룩하다. 그런 사람일수록 확신에 넘쳐 있다. 궁금한 것도 없다. 한 번 입을 열면 닫을 줄 모른다. 질문할 줄도 모른다. 그런데 제대로 되는 일이 없다. 잘 살지도 못한다. 경제적으로 어렵고, 인간관계에서도 어려움을 겪는다. 수십 년간 비슷한 문제로 고민을 하지만 해결하지 못한다. 늘 문제 원인을 엉뚱한 곳에서 찾기 때문이다.

　내가 생각하는 문제 원인은 당사자다. 본인이 문제를 만들고 생산하는 주인공이지만 본인만 그걸 인지하지 못한다. 당연히 문제를 해결하지 못하고 또 다른 문제를 생산한다. 참 안타까운 일이다. 왜 그렇게 꼬이는 삶을 살까? 생각하는 능력이 떨어지기 때문이다. 생전 책이라곤 읽지 않으니 생각이 발전하지 못한다. 늘 거기서 거기다.

독서의 효용성 중 하나는 새로운 생각재료의 공급이다. 다른 사람의 책을 읽으면 나도 모르게 자신을 돌아보게 된다. 반사적으로 '나랑 비슷한 문제를 갖고 있네. 혹시 나도 이 책에서 지적하는 행동을 한 건 아닌가?' 같은 생각을 하게 된다. 반성의 시간, 반추의 시간을 갖게 된다. 사람은 자신을 돌아보는 대신 남을 보는 데 익숙하다. 남 욕을 하느라 자신을 돌아볼 기회를 갖지 못한다. 하지만 책을 읽으면 자신을 돌아보게 된다.

다른 사람과 함께 있는 게 좋은가? 아니면 혼자 있는 게 좋은가? 둘 다 좋은가? 그렇다면 둘 사이의 비중은 어떻게 되는가? 혹시 대부분의 시간을 누군가와 함께하는가? 혼자 있는 시간에는 무얼 하는가? 정적이 두려워 텔레비전이나 라디오를 늘 켜놓고 있지는 않은가?

난 함께 있는 시간도 좋아하지만 혼자 있는 시간을 더 좋아한다. 내가 가장 견디지 못하는 건 누군가와 계속해서 함께하여 잠시도 혼자 있을 시간이 없는 것이다. 엄마들이 가장 원하는 건 바로 혼자만의 시간이다. 육아가 힘든 가장 큰 이유는 하루 24시간 아이와 함께 있어야 해서다. 내가 육아를 하는 건 아니지만 사랑하는 손자 주원이랑 함께하는 시간이 길어지면 힘들다. 혼자 있는 시간이 사라지기 때문이다.

사람은 홀로 있을 때 성장한다. 혼자 있으면서 자신을 돌아보고 미래를 계획하면서 성장한다. 혼자 있어야 책을 읽고 글도 쓸 수 있다. 독서는 다른 사람과 함께할 수 없고 혼자 있어야 가능한 행위다. 텔레비전은 같이 볼 수 있어도 책은 혼자만 볼 수 있다.

그런데 혼자 있질 못하는 사람이 많다. 조용한 걸 견디지 못한다. 늘 라디오나 텔레비전을 켜놓는 사람도 있다. 산에서 라디오를 크게 켜고 다니는 사람이 여기에 속한다. 뭔가 조용하면 여기저기 전화를 걸어 약속을 잡는 사람도 비슷하다.

왜 이들은 정적을 두려워할까? 자신과 마주하는 걸 두려워하기 때문이 아닐까. 또 다른 내가 지금의 나에게 뭐라 한마디 할 것 같고, 본인이 생각해도 현재 자기 사는 모습이 한심하기 때문이다. 사람들 속에서 북적북적 지내면 이런 것으로부터 도망칠 수 있고 잠시 잊을 수 있기 때문이다.

증국번이란 사람은 처세의 핵심으로 '네 가지 참아야 할 것과 네 가지 하지 말아야 할 것'을 꼽는다. 네 가지 참아야 할 것은 냉고번한(冷苦煩閑)으로 냉대, 고통, 번잡함, 한가함이다. 네 가지 하지 말아야 할 것은 격조경수(激燥競隨)로 격한 것, 조바심을 부리는 것, 경쟁하는 것, 남을 그냥 따르는 것이다. 난 이 중에서 한가함을 견뎌야 한다는 말이 가장 좋다. 한가함은 즐겨야 한다.

　사실 함께는 할 수 없고 혼자만 할 수 있는 게 너무 많다. 바쁘면 할 수 없고 한가해야만 할 수 있는 게 너무 많다. 정말 중요한 것은 대부분 그렇다. 운동도 그렇고, 독서도 그렇고, 글쓰기도 그렇다.

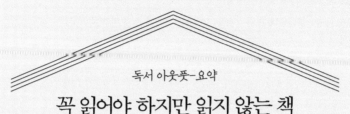

꼭 읽어야 하지만 읽지 않는 책

《지리의 힘》(팀 마샬 지음, 김미선 옮김, 사이, 2016)

꼭 읽어야 하는 책이지만 의외로 사람들이 읽지 않는 책이 있다. 바로 지리에 관한 책이다. 지리는 글자 그대로 땅에서 깨우치는 이치란 뜻이다. 우리가 발을 딛고 사는 이 땅과 내 삶은 떼려야 뗄 수 없는 밀접한 관련이 있다.

일단 퀴즈를 하나 낸다. "한국에서 겨울에 골프 치기에 가장 적합한 곳이 어딘지 아는가?" 제주, 남해 등 여러 후보지가 있지만 내 생각에는 삼척이 좋다. 겨울에 서울보다 평균 몇 도는 높다. 바로 태백산맥 덕분이다. 이처럼 산맥, 바다, 강 같은 지리적 요건은 국가의 흥망성쇠에 큰 영향을 준다. 《지리의 힘》은 지리에 관한 정보를 준다.

왜 중국은 별것 아닌 섬 문제에 그렇게 집착할까? 서유럽이 잘살고 아프리카가 못사는 이유는 무엇일까? 왜 미국은 잘살고 남아메리카는 못살까? 러시아는 강국이 되기 힘든 이유는 무엇일까? 우리가 외세의 침입을 그렇게 많이 받은 이유는 무엇일까? 모두 지리적 요인 때문이다.

중국은 대국이다. 땅이 무지 넓다. 하지만 남중국해, 동중국해에서 섬 문제로 여러 나라들과 갈등을 겪고 있다. 참 옹졸하단 생각을 하지만 사실은 그렇지 않다. 이들이 바다에 집착하는 이유는 바닷길을 통해 자국 상품을 수출하고 원자재를 수입하기 때문이다. 무엇보다 가스, 원유 같은 에너지를 엄청 수입한다. 만약 물류에 문제가 생기면 중국은 생존 자체가 힘들어진다.

중국이 티베트에 목숨을 거는 이유도 영토 확장보다는 안보 문제 때문이다. 만약 티베트의 통제권을 인도에 빼앗긴다면, 인도는 거침없이 중국의 심장부까지 밀고 들어갈 수 있다. 또 티베트는 중국의 급수탑이다. 황허강, 양쯔강, 메콩강의 발원지다. 엄청난 인구를 가진 중국에게 물만큼 중요한 것은 없다. 신장지구도 그렇다. 신장지구는 무려 8개국과 국경을 접하면서 중국 심장의 완충 역할을 한다. 다량의 원유가 매장되어 있고 핵무기 실험장도 이곳에 있다. 전략적으로 아주 중요한 곳이다. 이곳 사람들은 계속 독립하려

하지만 베이징의 대처 방식은 명확하다. 반대세력을 무자비하게 탄압하고, 그 지역에 돈을 왕창 쏟아붓고, 꾸준히 한족을 이동시키는 것이다. 그렇기 때문에 중국사람과 비즈니스를 할 때는 가능하면 티베트나 신장지구 이야기는 하지 않는 것이 좋다.

유럽이 잘사는 것도 지리의 축복 덕분이다. 우선 사막이 없고 지진이나 화산, 대규모 홍수 또한 드물다. 하천은 길고 평탄해 배를 통한 교역이 쉽다. 천연항구도 많다. 그런데 땅에 비해 너무 많은 민족국가가 존재한다. 많은 산맥과 강, 계곡 때문이다. 프랑스는 피레네 산맥, 알프스, 라인강, 대서양 같은 천연방벽으로 형성된 나라다. 축복받은 나라다.

서유럽에 비해 스페인, 그리스 같은 남유럽 국가가 못사는 것도 지리적 요인 때문이다. 스페인은 피레네 산맥 때문에 다른 나라와 교역이 어렵다. 평야도 적고 토질이 나쁘다. 하천이 짧아 내륙으로의 접근도 쉽지 않다. 그리스도 그렇다. 해안은 가파르고 농사를 지을 만한 평야가 거의 없다. 하천도 수송에 부적합하다. 바다 건너편에는 거인 터키가 있어 현재도 많은 돈을 국방비로 쓰고 있다.

반면 영국은 지리적으로 훌륭하다. 질 좋은 농지, 훌륭한 하천, 최적의 해양 접근성, 유럽대륙과 교역하기 부족함이 없는 어획량 등 섬나라 덕도 본다. 다른 유럽국가가 전쟁과 혁명의 소용돌이에 있을 때 영국은 괜찮았다. 영국도 전쟁은 했지만 늘 본토와 한 발짝 떨어져 있을 수 있었다.

아프리카에는 큰 강이 많지만 수송에 부적합하다. 교역로로 이용할 수 없는 지리적 문제가 경제 발전에 치명적 약점이다. 강대국들이 임의로 국경선을 그어놓은 것도 이들에겐 큰 약점이다. 아프리카에는 현재 56개국이 있는데 국경선은 유럽인이 그려놓은 그대로다. 수단, 소말리아, 케냐, 앙골라, 콩고민주공화국, 나이지리아, 말리 말고도 여러 곳에서 벌어지는 수많은 민족 갈등은 유럽인의 지리에 대한 생각과 아프리카의 인구학적 현실이 맞지 않는다는 증거다. 예를 들어 줄루족과 호사족은 예전부터 어울리지 않았다. 그런데 이들을 인위적인 틀 안에서 같이 살도록 강요했다. 풍부한 천연자원 덕분에 강대국의 놀이터가 된 것도 이들에겐 불행이다. 라틴 아메리카도 지리적으로 불리하다. 내륙이 산악지대와 빽빽한 정글로 가득하다. 마치 거대한 지리의 감옥에 갇혀 있는 것 같다. 내륙은 모기와 질병에 시달리기 때문에 사람들은 주로 해안가에 산다.

러시아는 표준시간대만 무려 열한 개나 되는 지구상에서 가장 넓은 나라다. 하지만 러시아는 강대국이 되기 어려운 아킬레스건을 갖고 있다. 대양으로 접근할 부동항의 부재다. 북극해의 무르만스크는 1년에 몇 달은 얼어 있고, 태평양과 닿아 있는 블라디보스토크항은 1년에 4개월은 얼음에 갇혀 있다. 하지만 러시아는 강력한 가스와 석유를 무기로 활용하고 있다. 지난 500년간 러시아는 몇 차례 침공을 받았지만 다 살아남았다. 바로 지리적 이점 때문이다.

미국은 기후와 지리의 축복을 가장 많이 받은 곳이다. 대서양부터 태평양에 이르는 지역까지 통합을 이루면서 무력으로 침범하기 어려운 지리적 위치를 확보했다. 루이지애나 구입으로 미시시피 유역을 확보했고, 플로리다를 얻으면서 태평양에 이르게 되었고, 알래스카 구입을 통해 자원대국이 되었다. 미국의 승리는 지리의 승리다.

일본은 프랑스, 독일보다 넓은 땅을 갖고 있다. 하지만 천연자원이 부족하다. 철과 원유 같은 원자재를 위해 1895년 대만을 점령했고 이어 1910년 한반도를 합병한다. 1931년 만주를 점령하고 1937년 중국 땅을 전면적으로 침공하기에 이른다. 더 많은 석유와 석탄, 더 많은 광물과 고무, 더 많은 식량을 얻기 위해서다. 일본이 진주만 공격을 하면서 전쟁을 일으킨 것도 미국이 더 이상 일본에 석유를 수출하지 않겠다는 데 대한 저항이다.

마지막으로 대한민국은 어떨까? 우린 지정학적으로 강대국의 침입을 받기 쉽다. 지리적으로 강대국의 경유지가 될 수밖에 없는 위치다. 과거의 역사가 그 사실을 말해준다. 그걸 막기 위한 최선의 방법은 힘을 기르는 것이다. 우리끼리 갈등하고 싸우는 대신 강대국이 무시하지 못하는 강대국이 되는 것이다.

고수의 독서법을 말하다

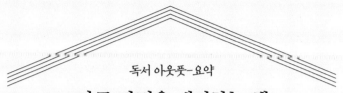

다른 관점을 제시하는 책

《경제는 지리》(미야지 슈사쿠 지음, 오세웅 옮김, 7분의언덕, 2018)

'왜 트럼프는 TPP 탈퇴를 선언했는가?', '왜 중국은 탄자니아를 타깃으로 삼았는가?', '왜 브라질은 거국적으로 항공산업에 몰두하는가?', '왜 ASEAN이 세계의 주목을 받는 매력적인 시장인가?' 이 네 가지 물음에 대한 힌트는 지리다. 지리는 지형이나 기후 같은 자연환경에 그치지 않는다. 농업, 공업, 무역, 교통, 인구, 종교, 언어, 촌락, 도시에 이르기까지 현재 시점에서 포착할 수 있는 각종 정보를 수집, 분석해 그 지역만의 특징을 찾아내는 학문이다.

경제는 토지와 자원을 두고 벌이는 쟁탈전이다. 자원은 편중되어 있기 때문에 쟁탈전이 일어날 수밖에 없다. 하지만 토지와 자원이란 요소는 쉽게 바꿀 수 없다. 자원을 수출해 외화를 벌어들이는 나라가 있는가 하면, 그 자원을 수입해

제품으로 가공, 수출하는 나라도 있다. 각국은 자기가 가장 잘할 수 있는 분야에 집중해 외화를 벌어들인다.

대한민국은 국토 면적이 좁고, 자원도 부족한 나라다. 인구가 많으면 내수시장을 목표로 산업을 발달시킬 수 있지만, 5,000만 명이라는 인구로는 부족하다. 자원 빈국이라는 조건 때문에 국내에서는 치열한 쟁탈전이 벌어지고, 국제적으로는 강대국의 무역 전쟁에 크게 영향을 받고 있다. 대한민국은 자원 빈국이라는 악조건 속에서도 세계 6위 수출대국으로 성장하였다. 이렇듯 지리는 지구상의 이치다. 《경제는 지리》는 세계경제를 지리로 풀어내고 있다.

지리는 영어로 'geography'인데 '지역'을 뜻하는 라틴어 geo와 '그리다'를 뜻하는 라틴어 graphia의 합성어다. '자연을 있는 그대로 그리는 것'이며 그게 지리의 본질이다. 지리는 표면적 사실의 나열이 아니다. 지역에서 벌어지는 각종 정보를 수집하고 분석해 그 지역만의 특징을 찾아내는 학문이다. 그렇기 때문에 지리에는 이치가 존재한다. 지구상의 이치를 다루는 학문이 바로 지리다.

지리를 볼 때는 자연, 스케일, 자원, 거리 등을 봐야 한다. 예를 들어 아이슬란드를 보자. 이곳은 화산이 많아 지열발전이 가능하다. U자형 계곡이 많아 수력발전도 용이하다. 덕분에 전력을 싸게 만들 수 있다. 지열발전과 수력발전이라는 재생 에너지만으로 전력 수요를 충당할 수 있다. 당연히 이를 무기로 알루미늄 공업을 발달시켰다. 알루미늄은 중간 제품인 알루미나(산화알루미늄)를 전기 분해해서 생산하는데, 그 과정에서 대량의 전기가 필요하다. 값싼 전력이 필수적이고 핵심경쟁력이 될 수 있다. 이 나라에서 두 번째로 중요한 수출품목이다. 지리를 산업에 활용한 예가 될 수 있다.

최근 일본 내 인도인이 늘고 있다. 대부분 IT기술자들이다. 인도에서 카스트 구속에서 벗어나는 최선의 방법은 IT기술자가 되는 것이다. 카스트는 최상층인 브라만, 크샤트리아, 바이샤, 최하층인 수드라가 있다. 또한 세습적인 직업신분인 자티에 의해 사회계급이 세분화되어 있다. 2,000~3,000종류가 있다. 카스트 하에서는 자신이 원하는 직업을 갖기 어렵다. 그런데 산업발전과 더불어 카스트에 없는 직업이 만들어졌는데 이게 바로 IT다. 빈곤으로부터의 탈출을 꿈꾸게 되는 것이다. IIT는 16곳의 인도 국립 공과대학의 총칭이다. 2012년 현재 정원은 9,590명인데 지원자는 무려 50만 6,000명이다. 53대 1의 경쟁이다. 대신 이곳을 졸업하면 파격적인 대우를 받으며 해외로 나갈 수 있다.

연봉이 구글은 13만 달러인데 인도는 9,000달러여서 자국을 나가는 추세다.

≫ 러시아와 네덜란드

러시아의 최대 수출국은 네덜란드다. 연봉이 평균 5만 달러지만 인구는 1,692만 명밖에 되지 않는다. 시장이 크지 않은 네덜란드가 최대 수출국인 이유는 러시아 원유에 있다. 러시아의 주요 수출품목은 원유와 천연가스다. 이를 네덜란드로 보내 정제해서 유럽에 수출하는 것이다. 네덜란드는 러시아를 유럽과 잇는 연결고리인 셈이다.

라인강의 끝 지점이 로테르담이고 이곳엔 유럽 최대의 항구 유로포트가 있다. 유로포트는 유럽시장의 현관 역할을 한다. 이곳에 세계 최대의 석유화학 콤비나트가 있다. 러시아에서 출발해 유로포트에 도착한 원유는 네덜란드의 로테르담에서 석유화학 공업의 원재료가 된다. 네덜란드는 원유를 석유제품으로 가공해 라인강을 이용해 독일로 수출한다. 네덜란드는 라인강 지류인 마스강 상류에 위치한 벨기에 및 프랑스 북동부와 마스·왈 운하(Mass-Waal canal)로 연결되어 있기 때문에 벨기에와 프랑스로도 수출이 가능하다. 네덜란드의 수출 상대국은 1위 독일, 2위 벨기에, 3위 영국, 4위가 프

고수의 독서법을 말하다

랑스다. 러시아는 자국의 최대 수출 상대국이 EU라는 인식이 강한데 EU의 입구가 바로 네덜란드인 것이다. 라인강 하구라는 지리적 조건이 네덜란드 경제 성장 최대 요인이라 할 수 있다.

저임금은 경제발전의 열쇠다. 스페인 최대 수출품목은 자동차다. 2차 세계대전 후 수입 대체형 공업화 정책을 펼쳤다. 수입에 의존하던 공업제품을 국산화함으로써 자국의 공업화를 근대화하고 경제발전을 도모하는 것이다. 이는 다시 수출 지향형 공업정책으로 바뀐다. 스페인의 임금수준은 독일이나 프랑스보다 낮다. 이를 활용해 독일과 프랑스 자동차 회사는 거점을 스페인으로 옮기고 그 결과 부품제조업의 노하우를 축적할 수 있었다. 그런데 EU 가입국이 늘면서 임금이 더 낮은 곳으로 거점이 이전하고 있다. 폴란드, 슬로바키아, 루마니아, 헝가리 등이다. 그 결과 자동차산업의 공동화 현상을 우려하고 있다.

≫ 자원대국은 목소리가 크다

21세기 가장 중요한 자원은 바로 물이다. 7억 명이 물 부족에 시달리고 있다. 물 부족은 식량 생산을 어렵게 하여 식량 부족으로 이어진다. 물 이용을 둘러싸고 끊임없이 분쟁이 일어나고 있다. 특히 개발도상국의 공업화, 생활수준 향상으로 물 수요는 늘어나고 있다.

수돗물을 마실 수 있는 나라는 15개국뿐이다. 핀란드, 스웨덴, 아이슬란드, 아일랜드, 독일, 오스트리아, 스위스, 크로아티아, 슬로베니아, 아랍에미레이트, 남아공, 모잠비크, 호주, 뉴질랜드, 일본 등이다. 사우디는 대수층에 있는 물을 이용해 농사를 짓고 식량까지 자급자족할 수 있었다. 그런데 20년간 대수층이 지속적으로 고갈되고 있다. 곡물생산량 또한 매년 감소하고 있다.

≫ 철광석을 둘러싼 격렬한 싸움

안산, 바오토우, 우한은 중국의 3대 철강 콤비나트다. 원료 입지형으로 발전했는데 70년대 후반 이후 해외자원에 의존한 항만입지형 철강업으로 전환한다. 2003년부터 일본을 제치고 최대 조강생산국이 됐다. 철광석이 풍부하지만 호주와 브라질로부터 철광석을 수입해서 생산한다. 왜 그럴까? 중국의 철광석은 철 함유량이 낮고 채굴비용이 많이 든다. 채산성이 떨어진다. 호주와 브라질은 과점을 위해 가격 하락의 리스크를 감수하며 생산력을 계속 늘리고 있다. 경쟁력이 떨어지는 광산을 파산시키려는 것이다. 과점이 되면 가격을 지배할 수 있다. 사우디가 원유를 증산하면서 원유 가격을 낮추자 미국 셰일오일 기업이 도산한 것과 같은 이치다. 자원을 가진 나라는 가격 경쟁을 부추기면서 더욱 강해진다. 과점이 진행되면 공급처가 줄어든다. 따라서 안정적인 공급을 기대하기 어렵다.

≫ 희소금석이 낳은 비극

아파르트헤이트가 지속된 이유가 뭘까? 남아공은 자원이 풍부하다. 철광석 7위, 백금족 1위, 금 6위, 석탄 7위, 다이아몬드 8위 등이다. 드비어스의 본사가 남아공에 있다. 백금족은 루테늄, 로듐, 팔라듐, 오스뮴, 이리듐, 백금을 일컫는 총칭으로 레어메탈의 일종이다. 백금족은 물과 반응하지 않고 산이나 염기에 부식되지 않는 특징을 갖고 있으며 자동차 배기가스를 정화하는 촉매장치, 전기 전자공업용, 보석제품 등에 요긴하게 사용된다. 러시아, 남아공, 미국과 캐나다, 짐바브웨가 전 세계 백금족 생산의 100퍼센트를 차지하고 있다. 특히 남아공에 많다. 희소금속은 존재량이 적고 추출이 어려워 정련비용이 높다. 냉전시대 자유주의 진영은 대부분의 희소금속을 남아공에서 수입하고 있어 흑인차별 정책을 비판하기 어려웠다. 이를 믿고 오랫동안 그런 말도 안

되는 정책을 편 것이다. 냉전이 끝나자 상황이 달라졌다. 러시아 등에서 희소금속을 수입할 수 있게 된 것이다. 아파르트헤이트에 대한 경제적 제재를 강화할 수 있었다. 한마디로 자원을 보유한 나라는 목소리가 크다.

≫ 자원대국만 가능한 알루미늄 생산

보크사이트는 열대토양에서 많이 산출되는 광물자원이다. 열대란 쾨펜기후 구분상 '가장 추운 달의 평균기온이 18℃ 이상인 기후'를 뜻한다. 열대지방은 강수량이 많다. 토양의 양분은 녹지만 물에 잘 녹지 않는 철 성분이나 알루미늄 성분은 토양에 남게 된다. 이런 현상을 철 알루미늄 부화작용이라고 하는데 토양에 집적된 알루미늄 성분이 보크사이트를 형성한다. 이는 알루미늄의 원료로 불순물을 제거한 후 전기분해하면 알루미늄이 만들어진다. 알루미늄은 전기의 통조림이라 할 만큼 많은 전기가 필요하다.

일본은 자원빈국이라 연료 대부분을 수입하고 따라서 전기 값이 비쌀 수밖에 없다. 일본의 산업용 전력비용은 1킬로와트에 0.129달러, 미국은 0.068달러로 일본의 절반밖에 되지 않는다. 사정이 이러하니 알루미늄 생산은 전기값이 싼 곳을 찾아 움직일 수밖에 없다. 면적이 넓은 나라가 강하다.

고수의 독서법을 말하다

포장수력이 크기 때문이다. 포장수력은 국내에 존재하는 수자원 중 기술적, 경제적으로 이용 가능한 수력 에너지의 총량을 뜻한다. 포장수력은 중국, 미국, 러시아, 브라질, 캐나다가 5등 안에 든다. 알루미늄 생산량은 중국이 1위, 2위 러시아, 3위 캐나다, 4위 아랍에미레이트, 5위 인도, 6위 호주, 7위 미국 등이다. 결국 국토면적이 크고 포장수력이 큰 나라 그리고 산유국 혹은 석탄보유국이 알루미늄 생산에 유리하다.

≫ EU에 가입하지 않은 실력자, 노르웨이의 정체

노르웨이는 왜 EU에 가입하지 않았을까? 1524년 이래 노르웨이는 덴마크와 동군(同君)연합을 해왔다. 동군연합이란 한 사람의 군주가 복수의 나라를 통치하는 걸 말한다. 영국과 영국령으로 결성된 영국연방이 대표적이다. 노르웨이는 자원공급지 역할을 해왔다. 덴마크는 농작물 재배가 잘된다. 노르웨이는 1814년 덴마크로부터 독립했으나 그 후 스웨덴과 동군연합을 해왔다. 그러다 1905년 마침내 독립한다. 400년 동안 연합의 역사를 끊고 겨우 자유를 얻은 것이다. 이런 역사적 배경 때문에 노르웨이 사람들은 타인에게 지배받는 걸 매우 싫어한다.

노르웨이의 강점은 첫째 수산업이다. 앞바다에 난류인 북대서양해류와 한류인 동그린란드 해류가 만나는 조목(潮目)이 형성되어 있다. 뱅크해역도 수산업 발달에 도움이 된다. 조목은 한류와 난류가 만나는 해역을 말한다. 한류는 난류보다 무거워 둘이 만나면 한류가 난류 아래로 흐른다. 그럼 바닷물에 있는 영양염류가 해수면 가까이로 이동하는데 이 현상을 용승이라고 한다. 용승의 영향으로 산소량이 많아지면 플랑크톤이 많아지고 어류가 몰려든다. 또 피요르가 발달했다. 수심이 깊고 협만이 안쪽까지 길게 이어진다. 당연히 항구 건설이 쉽다. 자연적인 지형을 이용하는 항구가 많다. 고위도에 위치하지만 부동항이 많다. 스웨덴 북부 키루나와 엘리바레에서 나온 철광석은 겨울에는 노르웨이의 나르비크까지 수송된 뒤 수출된다. 반면 스웨덴의 보트니아만은 겨울에 얼어붙는다.

둘째, 수력발전이다. 700기 정도의 수력발전소가 있고 전체 발전량의 96퍼센트를 차지한다. 전기료가 쌀 수밖에 없다. 100킬로와트당 9.45달러로 세계 평균 19.63의 절반 이하다. 인구도 521만 명이다. 당연히 알루미늄 생산에 유리하다.

셋째, 원유와 천연가스가 풍부하다. 수출 여력도 높다. 상당한 경제력을 갖고 있는 이들이 EU에 가입할 이유가 없다.

≫ 탄자니아의 잠재력

중국의 아프리카 경제원조는 60대 후반부터 시작되었다. 발단은 탄잠철도다. 탄자니아에서 콩고 남쪽의 잠비아까지 걸쳐 있는 동광산 지대에서 구리를 운반하기 위해 건설되었다. 잠비아의 카피리음포시와 탄자니아의 다르에스랄람을 연결하는 철도다. 경위는 이렇다. 1925년 코퍼벨트에서 구리가 발견된다. 잠비아에서 철도를 이용해 남아공의 항만으로 수송된다. 예나 지금이나 구리에만 의존하는 모노컬처 경제의 나라다. 남아공의 아파르트헤이트의 영향이 컸다. 중국은 로디지아를 경유하지 않는 철도를 만들어준다. 4억 320만 달러의 차관과 2만 5,000명의 중국인 노동자를 보낸다.

중국이 아프리카에 열을 올리는 이유는 세 가지 이유다. 첫째, 외교적 이슈다. 대만 견제를 위해서다. 그 결과 아프리카 54개국 중 대만을 인정하는 나라는 두 나라뿐이다. 둘째, 자원 개발을 위해서다. 셋째, 아프리카 시장 개척을 위해서다.

인구도 5,000만 명으로 많고, 경제 성장으로 구매력도 높아지고, 광물자원도 많다. 특히 탄자니아가 그렇다. 근래 경제 성장에 힘입어 국민 1인당 구매력이 높아지고 인구 증가까지 더해지면서 탄자니아는 매력적인 시장이 되었다. 광물 자원뿐 아니라 농축산물 등 원재료도 풍부하다. 값도 싸다. 동아프리카 공동체 덕분에 미국이나 EU 수출에는 관세도 부과되지 않는다. 탄자니아 정부는 최우선 정책 과제로 외국 자본 유치를 내걸고 있다. 따라서 외국인의 국내 투자에 매우 협조적이다. 앞으로 새로운 투자 대상국으로 탄자니아를 고려해보는 것도 방법이다.

≫ 싱가포르의 성공 비결

싱가포르의 인당 GDP는 5만 2,888달러인데 일본보다 높다. 싱가포르는 북위 1도이고 적도 바로 밑이다. 태풍의 영향을 거의 받지 않는다. 필리핀과는 아주 다르다. 국토가 좁고 광물자원, 수자원, 농경지 등 아무것도 없다. 그런데 어떻게 이렇게 발전했을까?

싱가포르 국민은 4분의 3이 중국계다. 이외에 말레이계, 인도계인 타밀족 모두 동등하게 대우한다. 중국어, 말레이어, 타밀어를 모두 공용어로 제정했다. 영어도 공용어로 사용한다. 모국어가 다른 국민끼리 공통의 언어로 의사소통하기 위해서다. '모두 사이좋게'는 싱가포르의 국시라 할 수 있

고수의 독서법을 말하다

다. 영어의 공용어, 정치적 안정, 해외투자 유치의 최적의 조건이다. 민족 문제를 조심스럽게 다룬다. 민족대립을 선동하는 언론은 엄하게 다스린다. 주위에 인도네시아, 말레이시아, 브루나이 같은 산유국이 있다. 이를 이용해 원유를 수입해 가공한 후 수출하는 가공무역을 했다. 세율이 낮은 나라로 유명하다. 세제상 우대정책으로 외국기업을 유치해 대단한 효과를 거두었다. 무엇보다 싱가포르의 최고자원은 사람이다. 인구가 적은 나라가 성장하려면 인재육성을 최우선 과제로 삼아야 한다. 정치적 안정이 필요하다. 관광업과 금융업의 발달을 가져왔다.

5장

고수가 말하는
생산적인 책 읽기란

목적 있는 책 읽기를 해야 변화가 있다

　수년 전 모 전자회사 임원을 대상으로 몇 차례에 걸쳐 독서법 관련 강의를 한 적이 있다. 고객사의 니즈는 명확했다. 오랫동안 글로벌 1등을 했고 이를 지속하기 위해서는 새롭게 길을 만들어가야 하는데 인문학적 지식이 필수이지 않은가. 그래서 가능한 한 효과적으로 필요한 책을 읽어야 하는데 이게 쉽지 않으니 효과적인 독서법에 대해 이야기해달란 것이었다.

　그렇지 않아도 독서법 관련해 이야기를 하고 싶어 몸이 근질근질했는데 잘됐다 싶어 생각을 정리했다. 그때 핵심 키워드가 바로 '아웃풋을 전제로 한 독서법'이다. 책 읽는 목적을 분명히 하고 책을 읽자는 것이다.

아웃풋을 위한 독서

대부분은 그냥 책이 좋아서 읽는다. 어떤 이는 1년에 100권을 목표로 책을 읽는다. 물론 이것도 나쁘지는 않다. 책을 읽지 않는 것보다는 좋다. 치우친 분야의 책만 읽는 것보다는 다양한 분야의 책을 읽으면 당연히 좋다. 하지만 대기업 임원들은 한가한 사람들이 아니다. 이 책 저 책 취미로 읽기에는 해야 할 일이 너무 많다.

모든 것은 변한다. 나도 변하고 세상도 변한다. 독서하는 방법도 상황에 따라, 구력에 따라, 니즈에 따라 변해야 한다. 나 역시 처음에는 닥치는 대로 읽었지만 일정 수준에 오른 뒤에는 아웃풋을 전제로 책을 읽는 경우가 많다. 물론 틈틈이 다른 책도 읽기는 한다.

예를 들어 이런 식이다. 조직문화 관련한 책을 쓰려는 사람이 있다고 하자. 조직문화의 중요성을 다룬 책은 많지만 잘 정리된 책은 없어 수요가 있다고 판단했다. 책 내용을 떠나 조직문화란 제목이 보이면 무조건 샀고 조직문화 관련 기사가 보이면 무조건 스크랩했다. 누군가 조직문화 이야기를 하면 여러 가지 질문을 했다. 조직문화의 정의가 뭔지, 조직문화가 성과와 어떻게 연결되는지, 조직문화가 좋은 회사와 그렇지 않은 회사에는 어떤 회사가 있는지…. 그러면 점차 조직문화에 대한 정보가 차곡차곡 쌓이게 된다. 이제는 이를 정리해 책으로 써내는 것만 남는다.

생산적인 책 읽기

독서에도 생산성 개념은 필요하다. 가능한 한 많은 책을 읽으면 좋다는 건 누구나 안다. 한 번 읽는 것보다는 반복해서 읽으면 더 좋다는 것도 안다. 대충 읽는 것보다는 정독하는 게 좋다는 사실도 알고 있다. 하지만 우리는 그렇게 한가하지 않다. 제한된 시간에 읽어야 하고 책을 성과와 연결시켜야 한다. 이를 위해서는 책을 읽는 목적이 분명한 게 효과적이다. 그게 없으면 생산성이 떨어진다.

아웃풋을 전제로 읽는 것이 방법이다. 아웃풋을 전제로 하지 않으면 집중력이 흩어진다. 그 책을 읽고 무엇을 할 것인지를 명확히 정하고 적극적으로 읽어야 한다. 적극적 독서란 내가 하는 일 혹은 문제해결에 도움이 되는 독서다. 전문성을 높여주고, 성과에 도움을 준다. 자신감을 불어넣고, 의욕을 고취시킨다.

워렌 버핏은 단기간에 업무관련 지식을 쌓고 성과를 내는 도구로 독서를 추천하는데 그가 생각하는 독서는 한 분야에 관심을 갖게 되면 관련 자료를 전부 수집해 집중적으로 읽는 것이다.

일본의 석학 다치바나 다카시도 《지식의 단련법》이란 책에서 비슷한 말을 한다. "목적선행형 독서법을 해야 한다. 그럼 무목적형에 비해 능률이 높다. 최소 다섯 배에서 열 배 차이가 난다. 즐거움을 위해서라면 하루에 두 권이 맥시멈이지만 특정 정보를 찾기 위한 경우는 열 권도 읽을 수 있다. 이를 위해 가장 중요한 것은 자신이 무엇을 필요로 하는지를 명확히 하는 것이다. 이것만 알면 목차, 작은 표제, 색인만 활용해도 감을 잡을 수 있다."

생산적인 책 읽기로 성공적인 경영을 하는 경영자가 있다. 휴럼의 대표 김진석이다. 2017년 10월 30일 서울경제 기사를 요약해보면 이렇다. 그는 '주제 독서'를 하는 걸로 유명하다. 주제 독서란 한 주제에 대한 책 수십 권을 연속적으로 읽으며 핵심을 파악하는 법이다. 무언가 발명하겠다고 생각하면 발명 관련 책만 50권쯤 읽는 것이다. 대략 6개월이 걸리는데 그동안 발명 생각만 하게 된다고 한다.

주제 독서를 하다 나온 아이디어를 사업화하고 신제품을

개발했으며 지금까지 1,000개가 넘는 발명을 했고 상표만 75건을 등록했다. 회사의 효자상품 비전기식 요구르트 제조기도 그의 발명품이다. 휴럼은 다이어트 건강 관련 상품으로 매년 매출 50퍼센트 이상씩 성장하고 있다. 그는 후발주자다. 창업 20년 만에 500억 원의 매출을 올렸다. 장사 경험이 없는 그는 최소의 자본으로 창업을 꿈꾸며 경영서를 읽기 시작했다. 발명, 전략, 마케팅, 비즈니스모델 등 키워드 별로 50권씩 읽다 보니 아이디어가 생기기 시작했다. 그동안 4,000권쯤 읽었다. 매일 출근 전 3시간 정도 책을 읽는다.

'Input without output leads to stagnation'이란 격언이 있다. 아웃풋 없이 인풋만을 하면 정체된다는 말이다. 이 말은 독서에도 해당한다. 나는 아웃풋 대신 목적이란 말을 사용하고 싶다. 뚜렷한 목적 없이 취미로만 책을 읽으면 성장하지 못한다. 사실 책은 그냥 읽어도 나쁘지 않다. 하지만 목적을 분명히 하고 독서를 하면 또 다른 묘미가 있다. 그동안 막연히 책만 열심히 읽은 사람들에게 목적 있는 책 읽기를 권한다.

책은 읽었는데
기억나지 않는다면

책을 읽은 것 같은데 기억나지 않는다는 얘길 많이 한다. 그건 책의 내용이 뇌에 각인되지 않았기 때문이리라. 읽긴 읽었지만 사실 읽은 것이 아니었던 거다. 기억나지 않는 가장 큰 이유는 독서에 별다른 시간과 비용을 지불하지 않았기 때문이다.

얼마나 기억할까

보통 사람들은 그냥 눈으로 책을 읽는다. 이른바 묵독이다. 입을 굳게 다물고 눈으로만 책을 읽는다. 안 읽는 것보다는

고수의 독서법을 말하다

낮지만 그다지 효과적이지 않다. 읽을 때는 뭔가 깨달았다고 생각하지만 시간이 지나면 책 내용이나 깨달았던 바가 빛의 속도로 사라지고 나중에는 그 책을 읽었다는 사실조차 기억하지 못한다.

정말 그런지 실험하는 방법이 있다. 작년 혹은 몇 달 전 읽었던 책 중 감동을 줬던 책을 다시 한 번 찾아서 읽어보는 것이다. 현재 생생하게 기억나는 부분, 부분적으로 기억나는 부분, 전혀 기억나지 않는 부분이 몇 퍼센트인지 따져보라. 생생하게 기억나는 부분이 얼마나 될 것 같은가? 사람마다 편차는 있겠지만 반 이상은 기억나지 않을 것이다. 읽긴 읽었지만 내 것으로 만들진 못한 것이다.

요즘 나는 한자 관련 책을 쓰느라 몇 년 전에 읽었던 한자 책들을 다시 보고 있다. 독서 노트까지 작성했지만 어떤 책은 그 책의 제목은 물론 읽었다는 사실조차 기억나지 않는다. 그런 경우가 태반이다.

그만큼 기억이란 믿을 게 못된다. 어떻게 해야 책 내용을 내 것으로 할 수 있을까? 기억력을 높이는 최선의 방법은 뭘까? 몇 가지 요령을 소개한다.

메모와 요약

거칠게 펜을 들고 읽어야 한다. 도서관에서 책을 빌리는 대신 내 돈을 내고 책을 사야 한다. 감명받은 부분은 줄을 긋고 모서리를 접어 표시를 한다. 뼈를 때렸던 부분, 꼭 기억하고 싶은 부분, 재미난 이야기에는 동그라미도 그리고, 별도 그려 넣는다. 그때그때 떠오른 생각은 책에다 "완전 동감, 나도 전에 이런 생각을 했었다. 일본 여행 중 겪은 사건과 비슷하다."라는 식으로 메모한다. 의심이 생기거나 사례가 적절치 않을 때는 그런 사실도 기록한다. 저자와 대화하듯 질문도 쓰고, 그때 떠오른 내 생각을 기록한다. 읽기와 메모를 함께하는 것이다.

다음에는 독서 노트 작성이다. 읽은 후 컴퓨터에 독서 노트를 만드는 것이다. 책 제목, 읽은 날짜, 저자의 이름을 쓰고 줄 친 부분, 별 표시가 된 부분, 좋은 사례, 책에 기록했던 메모 등을 기록한다. 감동받은 책은 A4로 열 장이 넘는 경우도 있지만 보통은 서너 장 정도면 된다. 이게 요약이다. 올바른 독서법의 핵심은 바로 요약이다. 다산 정약용 선생의 표현을 빌리면 초서(抄書)다. 중요한 부분을 손으로 쓰면서 읽는 것이다.

아무 메모나 표시 없이 그냥 눈으로 읽는 게 수동적 독서

고수의 독서법을 말하다

라면 줄을 긋고, 메모하면서 책을 읽고 이를 다시 요약하는 것은 공격적 독서다. 요약을 하면 책의 내용이 다르게 다가온다. 이미 눈으로 읽었던 내용을 자판을 두드려 기록하다 보면 완전 느낌이 다르다. 휘발성이 강했던 글자와 내용들이 하나하나 뇌에 와서 박히는 기분이다. 눈으로 읽기만 하는 건 그냥 빛의 속도로 날아가버리지만 이를 다시 한 번 손으로 기록하면 진짜 내 것이 된다. 복습의 힘이다. 기록의 파워다. 그냥 읽는 것과 읽은 책을 요약하는 것은 차원이 다르다.

요약을 하다 보면 '이 내용이 정말 좋은데', '이 부분을 그 사람에게 알려주면 좋겠는데', '이 사례는 이런 종류의 책을 쓸 때 쓰면 좋겠는데', '이 격언은 정말 멋지다' 등 여러 가지 생각이 든다. 이를 바로 잡아두지 않으면 수증기 날아가듯 사라지고 나중에는 '얼마 전에 끝내주는 생각이 났다'라는 생각만 남는다. 독서를 하면서, 요약을 하면서 뇌에서 일어났던 끝내주는 아이디어를 잡아두어야 한다.

난 컴퓨터 바탕화면에 있는 '글 소재' 폴더에 요약물을 저장한다. 붙여넣기를 통해 좋은 부분은 일단 여기에 모두 우겨 넣는다. 그리고 시간 여유가 있을 때 이를 지식 냉장고 폴더에 다시 분류한다. 리더십에 갈 것, 혁신에 갈 것, 처신의 좋은 격언 등 분류하면서 나도 모르게 다시 내용을 보게 된다. 그중 끝내주게 재미있는 소재는 아내나 딸, 만나는 사람들에게 이야기한다. 나도 모르게 그 이야기가 튀어나오는 거다. 그렇게 몇 번 그 이야기를 반복하다 보면 더 깊이 뇌에 각인된다. 또 그중 일부는 세리시이오, 교보, 동아비즈니스리뷰에 소개한다. 지식 냉장고 폴더는 내 필살기다.

책 내용을 모두 기억할 수는 없다. 그럴 필요도 없다. 하지만 기억하고 싶은 부분은 기억해야 한다. 그래야 축적이 되고 그게 생각의 변화를 일으킨다. 최선은 공격적으로 읽고, 메모하고 필사하고 주변 사람에게 자꾸 이야기하는 것이다. 혼자서 하는 건 쉽지 않다. 마음 맞는 사람들끼리 독서토론회를 해보면 좋다. 같은 책을 읽고 그에 대한 각자의 생각과 아이디어를 나눈다. 처음에는 낯설고 시간도 들지만 어느 정도 해보면 지식이 축적되면서 나 자신이 바뀌고 있음을 실감할 것이다. 그 순간의 쾌감은 이루 말할 수 없이 짜릿하다.

믿고 보는 작가의
전작을 읽는 재미

난 소설가 박완서의 전작주의자다. 그녀의 작품을 싹 다 본다는 말이다. 그녀의 딸이 어머니에 관해 쓴 책은 물론 그녀가 서울대학교에서 강연한 강연록까지 사서 읽었다. 그만큼 그녀의 모든 걸 알고 싶기 때문이다. 통일이 되면 꼭 가보고 싶은 곳이 박완서의 고향인 개성의 박적골일 정도로 말이다. 개성역에서 기차를 내려 그곳까지 걸어가보고 싶다. 한 저자의 책을 여러 권 읽으면 그의 인격이나 생각이 내면으로 스며들어온다.

작품에 몰입하다

책을 읽으면 나도 모르게 소설 속에 나를 대입한다. 소설 《노란집》에서 그녀는 가장 소중한 기억은 사랑의 기억이라고 말한다. 아무에게도 사랑받지 못하는 사람처럼 불쌍한 사람은 없고, 사랑을 할 줄 모르는 사람처럼 불쌍한 사람은 없다는 것이다.

내게 가장 소중한 기억은 할아버지로부터 받은 사랑이다. 할아버지는 왜 그렇게 나를 애지중지하셨을까? 그 생각만 하면 나 자신이 소중해진다. 그분이 사랑한 나의 좋은 점이 내 안에 지금도 살아 숨쉬는 것처럼 삶이 비루해지려는 고비마다 나를 지탱해주는 힘이 되었다. 살면서 남는 게 사랑 외에 무엇이 있을까? 그렇다면 자꾸자꾸 사랑해야 하지 않을까? 지난날 추억 중 사랑받은 기억처럼 오래가고 우리를 살맛나게 하고 행복하게 하는 것은 없다. 그런 면에서 삶에서 가장 중요한 건 사랑이다. 나를 사랑으로 채울 수 있어야 한다. 사랑을 회복할 수 있어야 한다. 사랑의 능력을 되찾아야 한다. 사랑이 가슴에 차 있지 않은 사람에게서 새로운 미래를 기대할 수 없다. 진정한 자유와 해방은 과학도 지식도 이론도 아닌 사랑의 힘이다. 난 가능한 많은 사람을 좋아하며 살고 싶다. 아무도 미워하지 아니하며

고수의 독서법을 말하다

몇몇 사람을 끔찍이 사랑하며 살고 싶다.

_《노란집》(박완서 지음, 열림원, 2013)

이 부분을 읽고 나 역시 나를 끔찍이 사랑해주던 외할아버지 생각이 났다. 내가 경복고를 들어갔을 때 당신의 첫 사위가 제2고보인 경복을 나왔다면서 너무 기뻐하셨다. 첫딸인 큰 이모는 결혼하고 북경에 사시다 딸만 둘을 낳고 일찌감치 죽었다는데 아마 복잡한 심경이었을 것이다.

내가 좋아하는 저자가 힘든 일이 있으면 나 역시 힘들다. 박완서는 딸 넷에 아들 하나를 다 훌륭하게 키웠다. 그런데 불의의 사고로 서울의대를 나와 전문의 과정에 있던 외아들을 잃게 된다. 정말 참혹한 일이다. 소설 여러 군데 고통의 흔적이 엿보인다.

온종일 신을 죽였다. 죽이고 또 죽이고 일백 번 고쳐 죽여도 죽일 여지가 남아 있는 신, 증오의 마지막 극치인 살의, 내 살의를 위해서도 신은 있어야 돼.

_《한 말씀만 하소서》(박완서 지음, 세계사, 2004)

하지만 그 원망과 울부짖음은 하느님이 계심을 믿기에 할

수 있는 행위였다. 강한 부정은 강한 긍정을 전제로 하는 것
이다. 먼 훗날 어느 정도 상처가 아물게 되었을 때 그녀는 다
음과 같이 고백한다.

> 만일 그때 나에게 포악을 부리고 질문을 던질 수 있는 그 분조
> 차 없었다면 나는 어떻게 되었을까 가끔 생각해봅니다. 살긴 살
> 았겠지요. 사람 목숨이란 모진 것이니까요. 그러나 지금보다 훨
> 씬 더 불쌍하게 살았으리라는 것만은 환히 보이는 듯합니다.
> _《한 말씀만 하소서》(박완서 지음, 세계사, 2004)

또 아들 관련해서는 다음과 같은 말도 한다. 이를 읽으면
'가슴을 각뜨는 기분'이 어떤지 조금은 알 것 같고 나도 모르
게 눈물이 흐른다. 생판 모르는 내가 이럴진대 그분은 얼마
나 가슴이 아팠을까?

> 그 애 사진첩을 들여다본다든지 생전의 모습을 더듬는다든지
> 하면 그 애가 완전히 살아있다는 감정이 들다가도, 그가 존재
> 하지 않는다는 현실을 의식하면 정말 견디기 어려운 통증이 옵
> 니다. 예리한 칼로 가슴을 각뜨는 기분이랄까. 완전히 상실감에
> 빠집니다. 그 애가 내 인생의 전부였구나. 그런데 나는 그것을

잃었다. 이 당혹감은 언어로 표현할 수 있는 영역이 아닙니다.

_《박완서의 말》(박완서 지음, 마음산책, 2018)

소설가로서의 삶에 대한 생각, 노추에 대한 생각도 내겐 자극이 된다. 내가 박완서 선생을 좋아하는 건 내가 막연히 생각하고 있는 걸 그녀가 이미 생각하고 실천하기 때문이다. 나 또한 그렇게 살고 싶다는 내 나름의 결심이다. 나와 그녀는 일면식도 없다. 하지만 그녀만큼 내 인생에 큰 영향을 준 사람도 흔치 않다. 난 그게 글의 힘이라고 생각한다.

읽은 내용을
오래 기억하는 비법

    메모는 내가 가진 오래된 습관이다. 난 언제 어디서나 메모를 한다. 술을 마실 때도, 걸을 때도, 신문을 볼 때도, 사람들과 이야기를 나눌 때도 메모를 한다. 멋진 말, 새로운 정보, 순간순간 떠오르는 아이디어를 잡아두기 위해서다.

    한번은 단체로 엘지그룹 임원들과 자리를 한 적이 있는데 우연히 내 옆 자리에 지금은 돌아가신 구본무 회장님이 앉으셨다. 그런데 어찌나 아는 것도 많고 재미난 이야기를 많이 하시는지 시간 가는 줄 몰랐다. 참석한 분들이 도대체 무슨 이야기를 그렇게 많이 했는지 물었고 거기에 대한 답으로 회장님이 하신 말씀을 정리해 문자로 보내 사람들을 기쁘게 한 적이 있다. 모두 메모의 힘이다.

기억하려면 낭송하라

책을 읽을 때야말로 메모는 필수적이다. 무슨 책을 읽느냐도 중요하지만 어떻게 읽느냐도 그 못지않게 중요하다. 사람들이 책에 재미를 못 느끼는 이유 중 하나는 독서법을 제대로 모르기 때문이다. 그러니까 효과가 없어 자꾸 멀리한다.

보통 사람들은 독서라고 하면 그냥 눈으로 보는 묵독을 떠올린다. 보는 비용밖에 들지 않는다. 비용이 적게 드는 만큼 읽은 후 정보는 빛의 속도로 사라진다. 읽었지만 사실 읽은 게 아닐 수 있다. 남아 있는 게 별로 없다. 내용을 물어보면 답하는 사람이 별로 없다는 게 증거다.

내가 생각하는 효과적인 독서법 중 하나는 낭송과 메모다. 소리 내어 읽으면서 혹은 읽은 후 메모를 하는 것이다. 난 좋은 대목이 있으면 소리 내어 읽는다. 책을 읽으면서 밑줄을 긋고 그때그때 떠오른 생각을 책에 기록한다. 책을 읽은 후에는 반드시 그 책에 나온 내용을 기록한다. 사례, 좋은 구절, 속담, 격언 등도 기록한다. 느낌도 쓴다. 나중에 읽어보면 예전에 책을 읽으면서 받았던 그 느낌을 그대로 맛볼 수 있다.

왜 낭송이 중요한가?

그냥 눈으로 읽을 때와 낭송은 느낌이 다르다. 같이 모여 있을 때 누군가가 낭송을 하고 나머지 사람들이 들으면 또 느낌이 새롭다. 난 팀장이나 임원 강의 때 내가 쓴 원고를 복사해 돌아가면서 읽게 한다. 경청의 중요성을 설파하고 싶어서다. 그럼 파워포인트를 볼 때와는 전혀 다른 느낌을 받는다. 같이 보면서 누군가 낭송하는 걸 듣는 건 신기한 경험이다. 내용이 영혼에 와서 박히는 기분이다. 이런 기분은 설명하기 어렵다. 경험해야만 알 수 있다.

《설국》의 저자 가와바타 야스나리는 낭송의 중요성에 대해 이렇게 말했다. "소년시절 나는 겐지 모노가타리와 마쿠라노 소오지를 읽었다. 낭송의 중요성에 대한 의미는 알지 못했다. 단지 말의 울림이라든가 문장의 어조를 읽고 있었다. 이 음독은 의미 없는 노래를 부르고 있던 것과 같다. 지금 생각해보면 이것이 내 문장에 가장 많은 영향을 주고 있는 것 같다. 그 소년시절의 노래 가락은 지금도 글을 쓸 때 내 마음속에 들려온다." 뜻도 모르고 읽었지만 그게 자신에게 영향을 주었다는 것이다.

버트란트 러셀도 "나는 귀로 책을 읽었다. 글을 쓸 때도 소리를 내어 읽으면서 썼고 쓴 글을 소리 내어 읽었다. 이렇게

고수의 독서법을 말하다

하는 동안 처음에는 서툴렀던 글이 숙달되었다."라고 고백한다. 모두 낭송의 중요성을 안 것이다.

　가장 좋은 독서법은 눈으로 읽고, 손으로 쓰고, 입으로 소리 내어 읽는 것이다. 글을 쓴 후에도 소리 내어 읽으면 이상한 부분을 바로 발견할 수 있어서 글이 훨씬 정교해진다. 독서도 눈으로만 읽는 것을 넘어서야 한다. 소리 내어 읽으면서 써야 한다. 그게 참 독서다. 모택동은 "붓을 움직이지 않는 독서는 독서가 아니다."라고 했다.

　법정스님도 "종교의 어떤 경전이든 소리 내어 읽어야 한다. 그저 눈으로 스치지만 말고 소리 내어 읽을 때 그 울림에 신비한 기운이 스며 있어 그 경전을 말한 분의 음성을 들을 수 있다."라며 낭송의 중요성을 말했다.

　낭송은 내가 말한 걸 내가 듣는 행위다. 눈, 입, 귀가 동시에 행동해야 가능하다. 필사는 거기에 손까지 필요하다. 종합훈련인 셈이다. 필사는 종이 위에 베껴 쓰는 것 같지만 사실은 영혼 속에 콘텐츠를 새겨 넣는 행위다.

소규모 독서클럽이 많은 사회

내 주요 직업 중 하나는 비즈니스 코칭이다. 대기업 고위 임원이나 중견기업 오너들을 주기적으로 만나 그들과 이야기를 나눈다. 그들의 고민은 깊이와 넓이가 일반인의 그것과 다르다. 보통 사람들은 자기 하나만 책임지면 된다. 회사를 그만둬도 본인 생계만 걱정하면 된다. 이들에게는 수많은 직원과 이해당사자가 있다. 만약 회사가 삐끗하면 수많은 사람의 삶이 위험해진다. 당연히 스트레스 강도가 다르다.

하지만 이런 고민을 아무한테나 털어놓을 수는 없다. 코칭은 이들이 스스로 답을 찾게끔 적절한 질문을 하는 방식으

고수의 독서법을 말하다

로 이루어진다. 하지만 그것만으론 충분치 않을 때가 있다. 그럴 땐 다양한 지식과 정보와 통찰력을 통해 이들에게 답을 줄 수 있어야 한다. 깊이 사색하고 답을 찾는 데 독서는 훌륭한 도구가 된다. 나아가 답을 구하는 사람이 모여 함께 읽으면 그 효과는 더욱 커진다.

'함께 읽기'에 관해서는 나와 같이 세리시이오에서 책을 소개하는 코칭경영원 대표 고현숙의 글이 도움이 될 것 같아 전체를 인용한다.

창의성의 원칙 첫 번째는 왕성한 소비다. 유튜브 스타들은 유튜브를 누구보다 열심히 본 사람이다. 넷플릭스의 콘텐츠 담당 부사장은 한때 비디오가게에서 일하면서 거기 있는 모든 영화를 보았다. 패셔니스타들은 알바를 해서라도 마음에 드는 옷과 신발에 투자를 한다. 글 쓰는 사람들은 왕성한 독서가들이다. 번득이는 아이디어는 갑자기 나오지 않는다. 많은 소비와 축적의 결과물로 나온 것이다. 많은 인풋이 있어야 아웃풋이 나온다.

그렇다면 독서는 어떨까? "신발 한 켤레 살 돈으로 위대한 사람의 한 평생을 살 수 있다. 독서는 가성비 최고의 투자다."라고 대만의 독서가 탕누어가 말했다. 요즘 사람들은 책을 안 읽는다. 영상 자료를 비롯해 책의 경쟁자가 너무 많기 때문이다. 하지만 책을 통해 얻을 수 있는 게 많다. 저자의 자잘한 센스, 개성 넘치는 단어와 문장을 읽는 경험, 글의 전개를 따라가면서 길러지는 사고력, 머릿속 다른 지식과 결합되면서 연결되는 재미 등은 영상으로 얻기 어렵다.

코칭경영원이 해마다 개설하는 코치들의 SIG(Special Interest Group)가 있다. 올해에는 북 클럽을 제안했다. 함께 읽고 토론하며 생각을 교류하고 싶기 때문이다. 국민대 리더십과 코칭 MBA 졸업생들에게도 독서 모임을 제안했다. 각자의 지식과 경험 위에 구축되는 영감을 나누며 성장해가는 커뮤니티가 되면 좋겠다. 가능하면 CEO들의 북 클럽도 만들고 싶고, 여성 리더들의 독서모임도 만들고 싶다. 나는 우리 사회에 독서 클럽이 굉장히 많아지길 바란다. 엄마들의 독서클럽, 청년들의 북클럽, 동네 북클럽도 더 많이 있었으면 좋겠다.

여러 층위에서 촘촘하게 지적인 네트워크와 커뮤니티로 쌓아올려진 사회, 그 사회는 분명 건강하고 합리적일 것이다. 남을 욕하고 악플을 다는 데 시간을 낭비하는 대신, 우아하고 지적이며, 세련된 문화를 지닐 것이다. 꿈이 너무 큰가?

앞서 인용한 대만의 탕누어는 "전문성이란 바로, 모르는 것, 확실하지 않은 것, 있어야 하는데 없는 것이 무엇인지 묻는 능력이다. 그런 안목이 있어야 다른 사람들이 못 보는 것을 볼 수 있다."라고 했다. 완전 공감한다. 이런 전문성은 시간의 예술, 축적의 결과이기 때문에, 각 분야에서 수십 년 이어지는 공부 모임을 꿈꿔보는 것이다.

여기부터는 내 생각이다. 나 역시 수많은 독서모임을 만들고 이를 진행하는 게 꿈이다. 그래서 농담 반 진담 반 다단계식 독서클럽을 하자면서 활발한 독서클럽 운영을 하고 있다. 책을 읽는 사람들이 세상을 바꾼다는 뜻에서 책사세도 만들었고, 책을 읽는 엄마들이 세상을 바꾼다는 의미에서 책엄세도 만들었다.

요즘 일주일에 3일은 다양한 사람들과 책을 읽고 이야기는 나누는데 정말 기쁘고 행복하다. 책을 읽으면서 변하는 것이 느껴지고 그 과정에서 나 또한 변화하고 있다. 사람이 책을 만들고 그 책이 사람을 만든다는 사실을 절감하고 있다.

요즘 세상이 점점 척박해지고 있다. 정치권은 말할 것도 없다. 난 지금의 교육으로 이런 문제는 해결할 수 없다고 생각한다. 새로운 형태의 교육이 필요하다고 생각하는데 그게 바로 독서다. 독서만큼 좋은 교육방법을 난 알지 못한다.

풍성한 대화 소재로
맛있게 토론한다

　내 주요 직업 중 하나는 독서토론회 진행자다. 독서토론회를 진행하려면 책 선정이 제일 중요하다. 회원들 수준에 맞는 책을 잘 골라야 한다. 그다음은 사람들이 거기에 관한 이야기를 잘하도록 이끌어야 한다. 퍼실리테이션이 중요하다. 이를 위해서는 남들보다는 독서력이 높아야 한다. 다양한 분야의 책을 많이 읽어 남들보다 압도적 지식의 우위에 있어야 한다.

　독서토론회의 목표는 명확하다. 책을 읽고 거기에 대해 이야기를 나누게 하면서 스스로 깨닫게 하는 것이다. 원래는 기업 대상으로 독서토론회를 주로 진행했다. 모 금융회사의 사장단, 대한민국에서 가장 잘나가는 전자회사 임원들, 바이오 회사 팀장들…, 참으로 많은 사람과 했다. 최근에는 일반인 대상의 독서토론회도 하고 있다.

지적 대화의 장

독서토론회를 시작하게 된 이유는 같은 요청을 여러 명의 독자에게서 받아서였다. "책 잘 읽었습니다. 참 도움이 되었습니다. 그런데 강연을 듣고 싶은데 어떻게 하면 되나요?"라는 질문이었는데 답변이 궁색했다. 사실 일반인을 위한 강의는 거의 하지 않기 때문이다. 가끔 구청이나 지방자치단체에서 그 동네 사람을 대상으로 하는 경우가 있긴 했지만 거기 오라고 할 수는 없었기 때문이다.

그러다 우연한 기회에 엄마들 모임에서 내가 쓴 책으로 몇 차례 독서토론회를 진행했는데 반응이 폭발적이었다. 일방적으로 강의만 듣다가 같은 주제에 대해 자신들의 상황에 대입해 본인의 이야기를 나누면서 색다른 즐거움을 느낀 듯했다. 독자들의 요청으로 짐작했던 '니즈'를 실감했고 엄마들의 뜨거운 호응에 힘입어 일반인 대상으로 독서토론회를 진행하게 됐다.

독서토론회에 참가한 사람들이 가장 많이 하는 이야기가 있다. 대충 이런 내용이다. "엄마들끼리 하는 대화가 너무 힘들어요. 매일 아이 이야기, 학원 이야기, 남편 이야기, 시댁 이야기니까요. 솔직히 전 관심 없어요. 책을 읽고 나누는 지적 대화가 좋은데 이런 말을 하려면 눈치가 보여요. 여기서의 대화는 정말 즐겁고 맛있어요. 전 배운다는 게 이렇게 좋은 줄 몰랐어요." 한마디로 책을 읽고 거기에 대해 이야기를 나누는 것과 그동안의 대화는 너무 다르다는 것이다.

그러고 보니 나도 그런 것 같다. 난 뻔한 대화를 싫어한다. 골프 이야기, 재테크 이야기, 정치인 비판 같은 대화를 별로 좋아하지 않는다. 가끔은 할 수 있지만 그걸로 귀한 내 시간을 허비하고 싶지 않다. 그래서 돌이켜봤다. 내가 좋아하는 대화는 어떤 것일까? 난 지적인 대화를 좋아한다. 책 관련 대화를 특히 좋아한다. 그래서 난 저자들과의 대화를 가장 좋아한다. 독서토론회처럼 특정 책을 읽고 거기에 대해 이야기 나누는 것도 좋아한다.

생각을 자극하는 대화

책을 안 읽으면 어떤 일이 벌어질까? 전문성 같은 이야기는 차치하고 일상에서 일어나는 변화를 보자. 책을 읽지 않으면 일단 말주변이 없어진다. 말은 많이 하지만 재미가 없다. 네이버에 나오는 남들도 다 아는 뻔한 이야기를 반복하게 된다. 기피 인물이 될 가능성이 높다.

가장 큰 문제는 대화 소재의 부족이다. 대화는 해야겠는데 얘깃거리가 없는 것이다. 그렇다고 그들이 이야기를 하지 않는 건 아니다. 기를 쓰고 뭔가 얘깃거리를 찾아낸다. 별다른 노력 없이 할 이야기가 있다. 정치 이야기가 그렇다. 정부와 정치인 대통령을 비판하는 건 전 국민의 오락이다. 개나 소나 누구나 할 수 있다. 대통령을 비판하기 위해 자료조사를 할 필요는 없다. 뒷담화도 이들에겐 좋은 소재다.

책을 읽으면 대화 소재가 풍부해진다. 관심 분야가 넓어지고 또 다른 관심 분야가 생긴다. 수많은 이야기, 소재들이 날아다니고 당연히 더 알고 싶은 게 늘어난다. '왜 그렇지?' 같은 의문점이 꼬리에 꼬리를 물게 된다. 하고 싶은 이야기도 많고 궁금한 것도 많아진다. 삶에 활기가 넘친다.

독서를 해야 교양인이 된다. 교양인은 대화의 소재가 다르다. 풍부하고 깊고 넓다. 정치 이야기나 뒷담화는 끼어들지 못한다. 교양인은 대화가 맛있다. 그런데 책을 읽지 않으면 그런 대화에 낄 수 없다.

좋은 책을 읽고 거기에 대해 이야기를 나누는 것은 별이 빛나는 밤에 캠프파이어를 하는 것과 같다. 독서로 인한 대화 소재로 장작이 고갈될 일이 없다.

실업 문제로 고민하는 대통령의 독서

《실업이 바꾼 세계사》(도현신 지음, 서해문집, 2017)
《보통 사람들의 전쟁》(앤드루 양 지음, 장용원 옮김, 흐름출판, 2019)
《60세 이상만 고용합니다》(가토 게이지 지음, 이수경 옮김, 북카라반, 2014)

세상에 대통령만큼 힘든 직업은 없을 거다. 특히 한국 대통령은 극한직업인 것 같다. 경제, 외교, 국방, 실업 모든 문제의 해결을 대통령에게 요구하고 그게 작동하지 않으면 온갖 비판이 쏟아진다. 하지만 현재의 문제들은 대부분 구조적인 부분이 크다. 솔직히 대통령이 할 수 있는 일은 많지 않다. 제대로 된 장관을 채용해 그들과 함께 일을 풀어가야 한다.

나는 종종 '내가 대통령을 도와줄 부분은 없을지'를 자주 생각한다. 그러다 한 가지를 찾아냈다. 바로 경연 제도(조선 시대 왕과 신하들이 경서와 역사 등 학문을 배우는 제도)의 부활이다. 대통령이 핵심 참모들과 함께 관련 책을 읽고 경연식으로 토론하면서 답을 찾아보는 것이다. 훨씬 수준 높은 결과물을 도출할 수 있을 것이다. 논의할 문제에 대해 대통령이 어느 정도 전체 그림을 그릴 수 있어야 하는데 아마 절대적인 시간이 부족할 것이다. 그럴 때 논의할 문제와 관련된 책을 내가 추천해서 도움을 주고 싶다.

일단 실업 문제다. 어느 정권이든 실업 문제는 간과할 수 없다. 관련 책을 세 권 추천한다. 《실업이 바꾼 세계사》, 《보통 사람들의 전쟁》, 《60세 이상만 고용합니다》이다. 하나씩 살펴보자.

《실업이 바꾼 세계사》

책 내용을 간략히 소개하기 전에 퀴즈 하나를 내겠다. 히틀러의 등장, 멕시코 마약사업, 소말리아 해적, 황소의 난, 의화단 사건의 공통점이 뭘까? 답은 실업으로 인한 결과물이다. 실업 문제를 해결하지 못하면 민란이 일어나거나 전쟁이 일어나거나 국민이 해적으로 변할 수 있다는 것이다.

2차 세계대전은 실업의 결과물이다. 1차 세계대전 (1914~1918)으로 가장 큰 이익을 본 나라는 미국이다. 뒤늦게 뛰어들어 인명피해도 적고 물자를 지원하면서 돈을 벌었다. 이후 1920년대 눈부신 경제번영을 누린다. 1919~1929년

고수의 독서법을 말하다

까지 평균 64퍼센트씩 성장했다. 1929년에는 전 세계 경제 생산량의 42퍼센트를 차지할 정도였다. 그런데 대공황으로 1931년 한 해에만 2,300개의 은행이 파산했다. 1933년 공식 실업률은 25퍼센트다. 이런 실업난은 2차 세계대전으로 해결된다. 미국은 1941년 본격적으로 참전한다. 징병제를 실시했기 때문에 많은 실업자가 군대라는 일자리를 얻게 된다.

나치와 히틀러를 탄생시킨 것도 독일의 실업 사태다. 독일은 1929년 대공황의 직격탄을 맞아 600만 명의 실업자가 탄생한다. 공식집계로만 30퍼센트에 달했다. 경제 위기를 해결하지 못하는 바이마르 정권과 그들이 펼치는 민주주의는 아무 쓸모가 없다고 생각했다. 독재자가 집권해도 좋으니 이 문제를 해결하면 좋겠다는 여론이 형성됐다. 이를 이용한 사람이 히틀러다.

1928년 나치당의 전체 득표율은 2.6퍼센트에 불과하고, 1929년 히틀러는 "내가 집권하면 전쟁을 일으켜서라도 독일 경제를 살려내겠다"고 외쳤다. 1930년 18퍼센트의 지지율, 1932년 총선에서 37퍼센트를 득표해 최대정당이 된다. 1934년 8월 국민투표를 통해 대통령과 총리의 권한을 함께 행사하는 총통에 오른다. 집권을 한 히틀러는 아우토반을 건설하고 공장에서 군수물자를 대량 생산해 실업자를 확실히 줄였다. 실업자를 줄여 전쟁을 일으키는 것이 히틀러의 전략이다.

4.19도 엄격히 말하면 실업 문제가 터진 것이다. 취직이 힘들자 재입대를 시켜주겠다는 거짓말로 사기를 치는 사람까지 등장했다. 제대 후 오죽이나 일자리를 구하기 어려웠으면 그런 말이 나올까? 공식 집계로 30퍼센트에 달했다.

멕시코 사람들이 마약사업에 뛰어든 이유도 실업 때문이다. 이들은 경찰과 군대와 붙어도 밀리지 않을 강력한 힘을 가진 반국가세력이다. 1991년 위태롭던 멕시코 경제에 사형선고를 내려졌다. 북미자유협정으로 미국제품이 몰려왔고 가격과 질 측면에서 경쟁이 되지 않았다. 중소기업의 70퍼센트가 망했다. 최대은행 바나멕스는 씨티그룹에 인수된다. 영화산업도 무너졌다.

원래 마약의 원조는 콜롬비아다. 1980년대 말 군대를 동원한 미국 정부의 마약 근절 작전으로 큰 타격을 받았다. 그 틈을 멕시코가 노려 일인자가 된다. 긴 땅굴을 파고 나르기도 하고 마약만 전문으로 운반하는 잠수함까지 만들었다. 언론사도 마약 관련 보도를 자제한다. 생명의 위협 때문에 카르텔을 제압하기 위해 미국 정부의 도움으로 특수부대를 만들었다. 그런데 작전에 투입되기 전에 몽땅 카르텔에 넘어갔다. 지금보다 훨씬 많은 월급을 주겠다고 제의했기 때문이

고수의 독서법을 말하다

다. 마약조직이 창궐하는 이유는 가난에 찌든 멕시코인들의 생계수단이기 때문이다.

수많리이 해직도 실업 때문이다. 계속된 내전으로 나라가 피폐해졌다. 다른 나라 어선들이 앞에서 고기를 잡고, 산업 폐기물을 버리고, 어민들이 설치한 그물과 어획망을 망가뜨렸다. 처음에는 고기를 돌려받기 위해 외국어선을 공격했다. 물고기를 빼앗아 시장에 팔았다. 그러다 서서히 해적이 돈이 된다는 사실을 깨닫는다. 역할 분담도 잘되어 있다. 파수꾼, 행동대원, 몸값 협상을 벌이는 자, 작업을 총 지휘하고 약탈한 돈을 나눠주는 선장, 배를 빌려주는 선주…. 소말리아 과도정부와 군벌의 주요 수입원이 바로 해적이 바치는 상납금이라 해결하기 어렵다. 국민 대다수가 해적을 영웅시한다. 해적 행위로 벌어들인 수입이 건설 경기 부흥에 일조를 하고 있다. 소말리아의 신흥 부유층이다. 이슬람 테러조직들이 미군을 피해 소말리아로 근거지를 옮기고 있다.

《보통 사람들의 전쟁》

한 집안의 가장이 직장을 잃는다는 건 '그 집안에 폭탄이 떨어진 것'과 같다. 현재 실업 문제는 구조적인 부분이 많다. 누가 대통령이 되어도 쉽게 해결할 수 없다. 결혼을 하지 않는 것도 출산율이 떨어지는 것도 다 실업 문제 때문이다. 핵심은 기업을 잘 살리는 것이다. 미국에서 일어나는 일인데 이 책에는 대책도 나와 있다. 간략한 내용을 보자.

지금의 일자리 감소는 기술적 측면이 강하다. 기술 발전이 인간의 삶을 좋게 하는 대신 일자리를 없애는 것이다. 실업은 정말 가장 심각한 문제다. 어떤 외부의 적보다 무섭다. 적과 희생자를 구분하기 힘들기 때문이다. 실업 문제를 방치하면 폭동이나 전쟁으로 이어질 수 있다.

일단 일자리 변화를 보자. 2016년 10월에서 2017년 5월까지 불과 8개월 사이에 미국 백화점에서 일하던 근로자 10만 명이 실직한다. 쇼핑객이 감소하면서 일어난 일인데 이런 일은 앞으로 더 심해질 것이다. 자율주행 로봇의 등장으로 배달원들의 일자리도 위태롭다. 대기업 일자리도 위험하다. 구글, 아마존, 애플은 AI 행정 보조원 개발에 수십억 달러를 쏟아붓고 있는데 앞으로 7년 안에 1,300만 명이 일자리를 잃을 것이다. 시급 20달러 미만의 일자리 중 83퍼센트는 자동화되거나 기계로 대체될 것이다. 자율주행 자동차의 등장으로 미국에서만 220만~310만 개의 기사 일자리가 사라질 것이다. 계산원, 패스트푸드 음식점 점원, 고객서비스 상담원,

비서 등의 일자리를 빼앗아갈 혁신 기술도 곧 등장할 예정이다. 자산 관리인, 변호사, 보험 중개인과 같은 고소득 화이트칼라도 예외는 아니다. 일자리가 사라지는 건 미래의 일이 아니라 이미 현실에 닥친 일이다.

그런데 일자리가 줄면 어떤 일이 일어날까? 40퍼센트는 새로운 일자리를 찾지 못하고 극빈층으로 전락해 장애 급여를 신청하는 사람이 될 가능성이 높다. 미국의 경우 장애 급여 신청자는 2000년부터 급증하기 시작해 모두 350만 명이 늘었다. 일자리에서 쫓겨난 사람 중 많은 사람이 정부에 의존하는 최하층이 되는 것이다. 남성들은 결혼을 포기하거나 미룬다. 여성은 직업이 없는 남자와 결혼하지 않으려 한다. 결혼은 낙관적인 생각, 안정감, 금전적 능력 등이 갖춰졌을 때 이루어진다.

일자리가 사라지면 사회가 붕괴한다. 대표적인 도시가 오하이오의 영스타운이다. 20세기 초반 영스타운은 철강업의 중심지로 이름을 날렸다. 영스타운 강판, US스틸, 리퍼블릭스틸 등이 수천 명의 노동자를 고용해 1930년대는 인구가 17만 명이나 됐다. 백화점이 두 곳, 고급 영화관은 네 곳, 공공도서관과 미술관, 대형 공연장도 두 곳이나 있었다. 그런데 1970년대부터 경쟁력을 잃어 1977년 영스타운 강판과 강관 제철소의 폐쇄에 이어 리퍼블릭스틸과 US스틸도 문을 닫는다. 5년 만에 일자리 5만 개가 사라진다. 폐쇄 반대 활동도 하고, 본사를 점거해 농성도 벌였지만 소용없었다.

1983년이 되자 실업률은 대공황 수준인 25퍼센트까지 치솟는다. 부동산 가격이 곤두박질치고 기록적인 파산과 재산 압류가 뒤따랐다. 보험금을 노린 방화가 일상이 되었고 우울증, 아동학대, 배우자 학대, 약물남용, 알코올중독, 이혼, 자살 등으로 도시는 완전 무너진다. 마이클 잭슨이 성장한 인디애나주의 게리, 뉴저지주의 캠던도 비슷한 처지다. 일부 지역은 독립하려고 할 것이다. 가장 진보적이고 부유하며 다양한 인종이 사는 캘리포니아주가 그렇다. 캘리포니아 국민당을 중심으로 분리독립운동이 싹트고 있는데 주민의 3분의 1이 분리독립을 지지한다고 한다. 이들이 독립하면 캘리포니아는 세계에서 6번째의 경제대국이 될 것이다.

그렇다면 어떤 해결책이 있을까? 해결책 중 하나가 자유배당(Freedom Dividend)이다. 보편적 기본소득인 자유배당을 지급하는 것이다. 소득에 관계없이 매달 일정 금액을 받는다. 미국의 경우, 18~64세 사이의 전 국민에게 매년 1만 2,000달러씩 지급하고 향후 지급금액은 물가에 연동시킨다는 것이다. 이미 1970년, 1971년 두 차례 거의 입법화될 뻔했는데

고수의 독서법을 말하다

두 번 다 상원을 통과하지 못했다. 여러 사람이 비슷한 아이디어를 냈고 지지하는 사람도 많다. 노벨상을 받은 경제학자 밀턴 프리드먼은 "현재의 복지제도는 비효율적이고 복잡하다. 특정 목적의 잡다한 복지프로그램을 없애고 대신 현금으로 소득을 보전해주는 이런 프로그램이 많은 문제를 해결할 것이다."라고 주장한다. 1년에 1만 2,000달러는 간신히 먹고살 정도의 돈밖에 되지 않지만 장점은 엄청나게 많다는 것이다. 금전적 결핍과 생계 위협에서 벗어나기 때문에 범죄를 줄여주고, 창조성 발휘와 창업에도 도움이 될 것이다. 위축되는 산업과 환경에서 새로운 산업으로의 이전을 도와줄 것이다. 물론 가장 큰 문제는 자원의 조달이다.

할 일이 사라지면 이를 대체할 취미나 인적 교류가 필요한데 방법 중 하나가 타임뱅킹이다. 자기 시간을 들여 여러 봉사활동을 하며 신용 포인트를 쌓은 후 그 포인트를 활용해 다른 서비스를 받는 제도를 말한다. 봉사의 종류는 다양하다. 물건 운반해주기, 개 산책시키기, 마당 청소, 요리해주기, 환자를 병원까지 데려다주기 등이다. 90년대 중반 빈곤퇴치 전문가로 활동하던 에드거 캔 교수가 건강한 공동체를 만들기 위한 방안의 하나로 내놓은 아이디어다. 노인은 아이를 봐주고, 젊은 부부는 짐을 들어주고 장을 봐주는 식이다.

무엇보다 교육의 변화가 중요하다. 지난 수십 년간 대학의 목표는 학생들에게 일할 준비를 시키는 것이었는데 더 이상은 아니다. 미래의 교육은 인성에 초점을 맞춰야 한다. 일자리가 줄어드는 세상에서는 자기관리 능력과 사회성이 성공의 핵심요소가 될 것이다. 일자리의 구조적 변화와 이로 인한 삶의 변화는 정말 중요한 과제다. 이 변화에 능동적으로 대처해 변화를 기회로 만들 수 있어야 한다.

《60세 이상만 고용합니다》

이 책은 일본에서 실버 인력을 고용해 저출산 고령화를 잘 해결하고 있는 기업 이야기다. 실업 문제 해결의 실마리를 찾을 수 있지 않을까.

이 책의 주인공 가토제작소는 일본 기후현 나카쓰가와시에 있다. 1888년 창업해 100년이 넘는 역사를 갖고 있다. 자동차, 항공기, 가전제품 등에 쓰이는 금속 부품 등을 생산하는 전통적인 제조업체다. 한국과 마찬가지로 이 회사는 사람으로 인한 어려움을 겪는다. 일거리는 있는데 일할 사람이 마땅치 않은 것이다. 납기 안에 주문에 맞추려면 주말에도 공장을 돌려야 하는데 그럴 사람이 없다. 잔업과 휴일 근

고수의 독서법을 말하다

무를 통해 대응하면 되지만 그러려면 수당을 지불해야 한다. 이익이 나지 않는다. 고민 끝에 나온 결론이 실버 인력 고용이다.

2001년 이 회사는 실버 인력을 뽑기로 결정하고 전단지를 만들어 뿌린다. 문구는 이렇다. "의욕 있는 사람 구합니다. 남녀불문, 단, 나이 제한 있음. 60세 이상인 분만" 놀랍게도 100명이나 응모했다. 남성 최고령자는 84세, 여성 최고령자는 78세였다. 결과는 대성공이었다. 처음 실버 직원을 고용하고 반년이 지나 2차로 실버 직원을 모집한다. 처음 15명이던 실버직원은 50명을 넘어 지금은 전 직원의 반이다. 핵심은 능력별 워크셰어링이다. 주요 공정은 현역 직원이, 단순 지원 업무는 실버 직원이 맡는 것이다. 주중에는 현역 직원이 일을 하고 주말과 공휴일에는 실버 직원이 일한다. 이를 통해 1년 365일 공장을 돌릴 수 있다. 이 회사에 정년은 없다. 직원이 그만두고 싶을 때까지 일을 할 수 있다. 회사 매출액은 2001년 이후 3배 가까이 늘었다.

노인을 고용하려면 무엇보다 먼저 직원에게 '왜 이들을 고용하는지'를 정확하게 전달해야 한다. 현역 직원의 협력 없이는 절대 성공할 수 없기 때문이다. 사장은 이 부분을 명확히 했다. 직원들에게 "여러분이 안심하고 근무할 수 있는 회사를 만들고 싶습니다. 정년 이후에도 계속 일해주십시오, 실버 직원의 도움으로 낮은 비용과 짧은 납기를 실현할 수 있습니다, 매출 향상은 물론, 이익이 여러분에게 돌아갑니다."라고 방침을 설명했다. 노동조합에도 노인 고용의 취지와 개요를 설명해서 이해를 구했다. 당연히 현역 직원의 고용기준도 바꾸었다. 60세가 된 현역 직원 중 희망자는 계속 고용하는 것으로 했다. 계약은 1년마다 갱신했다. 정년은 없고 고용기간은 그만두고 싶을 때까지로 정했다. 현재 실버 직원 중 25퍼센트는 기존 직원이 정년이 지난 후 계속 다니는 사람들이다.

모든 기업이 그러하듯 직원 교육이 무엇보다 중요하다. 실버 인력 역시 이들을 어떻게 가르칠 것이냐가 관건이다. 우선, 정형업무와 판단업무 중 정형업무부터 맡겼다. 포장, 부품조립 등 단순업무다. 이들은 순식간에 업무를 익혔다. 물만난 물고기마냥 에너지를 쏟아 부을 곳을 발견한 것이다. 일의 중요성을 알고 도덕심도 있었다. 실버 직원들이 능숙해지자 현직들도 달라졌다. 노인을 고용하기 위해서는 현장의 여러 장벽을 제거해야 한다. 일명, 배리어프리(barrier free)다. 여기에 3,000만 엔을 투자했지만 순식간에 회수했다. 인건비 측면에서도 이익이다. 이들이 고용한 실버 직원 14명의 총인

고수의 독서법을 말하다

건비는 현역 직원 1.3명에 해당했다. 현역 한 명의 월급으로 노인 10명을 고용한 셈이다.

취직한 실버들은 무슨 생각을 했을까? 마쓰이 하쓰코의 사례를 보자. "은퇴를 하자 몸은 둔해지고 생활은 빠듯했어요. 전단지를 보고 당장 면접을 봐야겠다고 생각했어요. 전 일하는 데 주저함이 없어요. 처음 1년만 해보자며 가벼운 마음으로 시작했는데 벌써 10년이 흘렀네요. 일을 하면서 큰 성취감을 느낍니다. 지금은 일하는 게 낙이에요. 나 같은 노인네를 써주는 회사를 만난 게 행운이지요. 일하러 가는 게 얼마나 행복한지 몰라요. 일을 하면 생활에 리듬이 생겨요. 아침 체조도 열심히 해서 젊은이들에게 자극을 주지요. 전 젊은이들에게 모범을 보이고 때로는 쓴 소리도 합니다. 체조를 할거면 제대로 하라. 체조는 다른 사람을 위해서가 아니라 자신을 위해서 하는 거라고 말하지요. 아침 인사도 중요합니다. 저는 '안녕하세요'라고 큰 소리로 인사해요. 웃는 얼굴로 지내면 상대도 기분이 좋아지지요." 동료가 어려움에 처했을 때 누구보다 먼저 손을 내민 것도 그녀였다. 덕분에 직장 분위기는 몰라보게 좋아졌다.

노인 고용은 세 가지 이익이 있다. 첫째, 노인 자신에게 득이 된다. 연금을 받을 수 있는 범위 내에서 일하면 수입도 생기고, 일을 해서 자신이 다른 사람에게 필요한 존재이며 도움도 된다는 기쁨을 느낄 수 있다. 둘째, 회사에도 득이 된다. 귀중한 현장 작업자로서 주말에도 일을 해주고, 기술 보유자로서 젊은 기술자를 육성하면서 기술 계승에 공헌한다. 셋째, 지역에도 득이 된다. 은퇴하고 나면 일하고 싶어도 일할 곳이 없는 현실에서 고용의 장을 제공하는 것은 지역에 큰 도움이 된다. 저출산 고령화로 인해 지역의 커뮤니티가 붕괴되어버린 지금, 지역의 커뮤니티를 부활시키는 계기가 되는 것이다.

저출산 고령화 시대에 노동력 부족은 불을 보듯 뻔하다. 60세 이상인 실버 세대들도 일하고 싶지만, 일할 곳이 없는 게 현실이다. 가토제작소는 전체 직원 중 절반 이상이 60세 이상 실버 직원이다. 이들에게 정년은 없다. 그만두고 싶을 때까지 자신의 체력이 다하는 날까지 일을 할 수 있다. 사람은 아무리 나이를 먹어도 나답게 살고 싶어 한다. '나답게'는 바로 일을 통해 구현된다.

국가를 움직이는 핵심들이 그냥 막연하게 실업 문제를 이야기하는 것과 중요한 책 세 권을 읽은 후 논의하면 결과가 어떨까? 대통령이 할 일은 심플하다. 본인도 읽고 장관들도

고수의 독서법을 말하다

읽게 한 후 질문을 던지는 것이다. "어떠셨나요? 다들 돌아
가면서 이야기해보시죠. 무엇을 봤는지, 가장 공감하는 건
무엇인지, 새롭게 깨달은 건 있는지, 이 책을 읽고 실업 문
제에 대해 새롭게 적용할 부분은 무엇이 있는지 함께 이야기
나누어봅시다." 하고 말이다.

인구 문제로 고민하는 대통령의 독서

《인구 쇼크》(앨런 와이즈먼 지음, 이한음 옮김, 알에이치코리아, 2015)
《정해진 미래》(조영태 지음, 북스톤, 2018)

예전에 비해 자살, 왕따 등 군대 내에서 문제가 증가하고 있다. 그 원인으로 '감춰졌던 사건이 드러났다', '참을성이 없어졌다', '군기가 무너졌다' 등 여러 가설이 있다.

그런데 유력한 원인으로 인구 문제가 있다. 예전에는 군대 갈 인력이 풍부해 군 면제사유가 많았다. 중학교만 나와도 안 가고, 외아들이면 안 가고, 부모를 봉양하면 안 가고…. 그런데 지금은 그렇지 않다. 인구가 줄면서 웬만하면 다 간다고 한다. 대상자의 거의 90퍼센트가 간다고 들었다. 예전에는 면제됐던 문제 인력이 군대를 가게 된 것이다. 군대는 압력밥솥 같은 곳이라 사회에서의 문제가 증폭될 가능성이 높다. 문제인력이 관심사병이 되는 것이다. 이처럼 인구 문제는 우리가 전혀 예상하지 못한 곳에서 예상하지 못한 방식으로 사회를 변화시킨다.

《인구 쇼크》

1970년대 한국은 자녀를 많이 낳았다. 아이가 많아 '콩나물 교실'이란 표현도 있었다. 교실 부족으로 2부제 3부제 수업을 했다. "생각 없이 낳다간 거지 신세 못 면한다. 아들 딸 구분 말고 둘만 낳아 잘 키우자." 같은 산아제한 슬로건도 많았다. 그러다 어느 날 갑자기 저출산 국가가 되었다. 참으로 격세지감이다.

현재 우리의 출산율은 1.0명 정도다. 1983년 인구유지선인 2.1명을 밑돌기 시작해 30년 이상 계속해서 내려가고 있다. 반전의 기미는 보이지 않는다. 인구 감소는 점점 심해질 수밖에 없는 현실이다. 그렇게 되면 "동해물과 백두산이 마르고 닳도록"이란 애국가 가사와는 달리 대한민국이 사라질지도 모른다.

더 심각한 것은 인구의 이동이다. 지방 인구의 도시 유입 혹은 한 지역에서 다른 지역으로의 이동을 뜻한다. 사실 이게 인구 감소보다 더 큰 문제다. 인구가 줄어든 동네는 세수 부족으로 도로 보수, 쓰레기 처리 같은 기초적인 일도 못한

다. 그럼 남아 있던 사람들도 살기 위해 다른 동네로 이사를
가는 것이다. 도시로 온 청년들은 높은 생존원가를 버티기
위해 결혼과 출산을 포기하고 그 결과 출산율은 더 빠른 속
도로 떨어진다. 현재 서울의 출산율은 0.9명을 밑돌고 있다.
만혼과 비혼이 계속되면서 인구 감소 문제는 더 심각해질 것
으로 보인다.

　인구 문제는 서서히 일어나지만 엄청나게 사회를 변화시
킨다. 인구 문제가 모든 걸 말해주지는 않지만 많은 걸 말해
준다. 인구 감소가 지속되면 사회가 활력을 잃는다. 집도 그
렇다. 아이 소리가 들리는 집안과 노인들만 있는 집안을 비
교해보라. 어느 쪽이 활기가 있는가? 사회도 똑같다. 젊은이
는 사라지고 노인만 있는 사회는 활기가 없다. 경제도 활력
을 잃게 된다. 일할 사람이 적어지니 생산력이 떨어지는 '힘
없는 사회'가 된다.

　한정된 자원을 얻기 위한 구성원들의 경쟁은 더욱 치열해
진다. 그나마 지방보다는 도시가 한정자원을 얻는 데 유리하
기 때문에 도시 집중은 더욱 가속화된다. 점점 인구 문제는
더 심각해지는 것이다. 인구 감소는 고령화로 이어지고 고령
화는 생산인력의 부족, 연금과 의료보험 문제로 연결된다.
일할 사람은 없고 쓸 사람만 있는 셈이다. 게다가 노인들의

정치적 영향력은 세진다. 당연히 노인이 살기 편한 사회로 변한다. 지금 당장은 아니지만 언젠가는 터질 시한폭탄 같은 것이다. 그래서 에이지퀘이크(agequake, 빠르게 고령화사회로 진입하면서 생기는 사회 문제를 가리키는 용어)란 말까지 나왔다.

이상이 보통 사람들이 인구 문제를 보는 시각이다. 앨런 와이즈먼은 인구 문제에 대해 다른 시각을 제시한다. 인구가 줄어드는 걸 나쁘게만 볼 수는 없다는 것이다. 인구 감소 문제는 해결할 수 없으니 해결 불가능한 문제를 해결하려고 돈과 에너지를 쓰는 것보다 차라리 이를 받아들이고 남은 사람들이 쾌적한 삶을 살도록 하는 데 신경 쓰는 게 낫다는 것이다. 결혼하지 않으려는 자식을 억지로 결혼시키려 하기보다 혼자 살아도 아무 문제가 없게끔 법과 제도를 바꾸는 건 어떠냐는 제안이다.

물론 인구 감소 수준을 줄여야 사회가 유지된다. 문제는 인구정책은 특성상 돈도 많이 들고 시간도 많이 들고 문제해결이 결코 쉽지 않다는 것이다. 생산가능인구 대체를 위해 이민정책, 로봇, 여성활용, 정년연장 같은 조치를 검토할 수 있지만 하나하나 만만치 않은 이슈들이다. 저마다 부작용을 갖고 있다.

인구 감소를 대하는 앨런 와이즈먼의 다른 시각은 신선했지만, 인구 감소가 아주 위험한 레드 시그널인 건 사실이다. 감소폭을 줄일 방법을 마련해야 한다. 잘 알려져 있지는 않지만 로마의 멸망 이유 중 하나도 바로 인구 감소다. 로마는 마르쿠스 아우렐리우스 황제 사후 300년간 마치 풍화작용처럼 사라져간다. 거듭되는 내란과 전쟁, 만연된 전염병, 사치향락에 탐닉했던 귀족들의 출산기피현상 때문이다. 그 외에 정복전쟁이 끝나면서 노예 숫자도 줄고 이로 인해 노예를 기반으로 하는 대농장(라틴푼디움) 경영이 어려워지면서 소작인을 기반으로 하는 콜로누스제도가 도입된다. 로마의 시민군이 사라지고 군대 내 게르만 용병이 크게 증가하는데 결국 서로마제국은 게르만의 용병대장에 의해 멸망한다. 그렇기 때문에 인구는 부담이 되지 않는 수준에서 지속적으로 증가하는 것이 바람직하다.

《정해진 미래》

미래를 예측하는 가장 정확한 방법은 바로 인구분포를 보는 것이다. 얼마나 애를 낳는지, 언제까지 사는지, 노인 인구가 많은지 아니면 청년이 많은지를 보면 그 나라의 미래를 볼 수 있다. 이는 피터 드러커의 주장이다.

고수의 독서법을 말하다

그렇다면 현재 우리는 어떨까? 출산율은 지난 40년간 지속적으로 감소했고 2002년부터는 전 세계에서 가장 낮은 출산율을 보이고 있다. 인구 문제가 미래에 어떤 영향을 줄 것인지 《정해진 미래》를 통해 살펴보자.

인구와 경제 사이에는 어떤 관계가 있을까? 인구가 많은 게 좋을까? 아니면 적은 게 좋을까? 출산촉진론자는 인구가 많을수록 좋다고 주장하고 산아제한론자는 인구를 조절의 대상으로 본다. 인구학자 맬더스는 대표적인 산아제한론자다. 그는 "식량은 산술급수적으로 늘어나지만 인구는 기하급수적으로 늘어난다. 인구증가 속도가 자원증가 속도를 추월하는 순간이 인구과잉이고 이를 넘어서면 가난해지기 때문에 그때부터는 인구를 조절해야 한다."라고 주장한다. 그의 주장은 현재까지 전 세계 모든 인구정책의 근간이 되고 있다. 우리 역시 그의 주장을 바이블처럼 생각하며 살아왔고 그에 따라 인구를 나름 잘 조절해왔다.

UN은 한국의 인구정책을 인구 조절의 성공 사례로 꼽기도 한다. 인구 조절에 실패해 못사는 아프리카와 달리 한국은 성공적인 인구정책 덕분에 잘살게 되었다는 식이다. 그런데 과연 그게 인구 조절 때문일까? 인구 문제가 중요하긴 하지만 인구가 줄었기 때문에 잘살게 되었다고 말하기는 어렵다. 이를 뒷받침하는 근거도 없다. 이는 마치 못사는 아프리카가 인구만 줄인다면 잘살게 될 것이라고 말하는 것만큼이나 논리적이지 않다.

그런데 왜 인구가 줄어드는 것일까? 정부의 강력한 산아제한 정책 때문일까? 그것만이 이유는 아닐 것이다. 정부가 애를 낳으라고 해서 낳고 낳지 말라고 해서 낳지 않는 것은 아니다. 그보다는 시대 변화에 따른 사람들 생각 변화가 한몫했을 것이다. 경제 발전, 정보기술 발달, 여성들의 지적 수준 향상과 그에 따른 소득 증가 등 혼자 살아도 지장이 없는 여러 여건이 어우러져 일어난 현상이다. 무엇보다 출산 저하의 가장 큰 이유는 경제 부담이다. 애를 낳는 것이 경제적으로 부담되지 않는다면 어떤 일이 벌어질까? 각 가정이 부담해온 출생, 보육, 부양에 따른 경제적 정서적 문제를 사회가 대신할 수 있다면 어떨까?

개인의 경제 수준은 교육, 직업, 소득이 결정한다. 그중 가장 먼저 일어나는 것이 교육이고 교육의 시작은 초등학교다. 2000~2007년 사이 초등학생 수는 400만 명쯤 됐다. 하지만 그 후 학생 수가 크게 감소해 2013년에는 300만 명에도 미치지 못한다. 하지만 초등학교는 계속 늘고 교원도 계속 늘어났다. 2000년 14만 명에서 2013년 18만 명으로 30퍼센트나 늘어났다. 학생 수는 400만 명에서 300만 명으로 4분의 1이 줄었는데 교원 숫자는 30퍼센트나 늘어난 것이다. 말이 되지 않는 일이다.

어떻게 이런 일이 일어났을까? 미래가 아닌 현재를 기준으로 정책을 수립했기 때문이다. 그래도 의무교육인 초중고는 좀 낫다. 이들이 대학에 들어가는 2021년 이후 대학에는 어떤 일이 일어날까? 등록금 의존도가 높은 사립대학은 생존이 쉽지 않을 것이다. 대학이 사라지면 교수와 직원들 역시 직업을 잃을 것이다. 인구 문제는 남의 일이 아니란 증거다.

인구가 줄면 실업률은 어떻게 될까? 지금 같은 취업전쟁은 남의 일이 될까? 상식적으로는 인구가 줄면 실업률이 떨어져야 하는데 실제는 그렇지 않다. 경기가 어려워지면서 당장 성과를 낼 수 있는 숙련자를 주로 채용하게 되니 상대적으로 청년들은 취업하기 힘들어진다. 같은 일자리를 놓고 노인과 청년이 갈등을 겪게 된다. 적은 숫자의 청년이 많은 숫자의 노인을 먹여 살려야 하니 이 역시 갈등의 여지가 있다. 이래저래 세대간 갈등은 불 보듯 뻔한 일이다.

그럼 어떻게 해야 할까? 이민을 받아들여야 한다. 다만 문호를 확 개방할 것인지, 엄격하게 제한할 것이냐의 문제가 있는 데다 이민이 성공하려면 자국에 매력적인 요소가 있어야 한다. 또 다른 해법은 해외투자다. 해외 진출의 의미를 OEM보다는 시장 개척에서 찾아야 한다. 생산한 제품을 그곳에서 소비할 수 있는 시장을 발굴하고 판매해야 한다. 더 많은 젊은이가 해외에서 기회를 찾고 그곳에서 자신의 사업을 할 수 있도록 지원하는 방안도 절실하다. 정부와 기업의 역할이 달라져야 한다.

유럽은 출산율이 급격히 떨어졌을 때 출산과 육아에 관한 장애요인을 없애기로 한다. 개인의 문제를 공공이 책임져야 한다고 생각했다. 출산의 장애요인인 고용불안, 높은 집값, 육아휴직이나 보육비 등의 인센티브 등을 대대적으로 혁신했다. 출산과 양육이 직장생활에 걸림돌이 되지 않도록 제도를 정비했다. 다만 저출산 대책이 출산보육수당 같은 복지에 집중되어서는 안 된다. 복지보다는 투자 개념으로 접근해야 한다. 아이들 한 명 한 명을 훌륭하게 성장시켜 아래 세대의 부가 위로 흐를 수 있도록 준비해야 한다. 기업의 역할도 중요하다. 더 이상 회사의 이익과 업무를 위해 개인생활의 희생을 강요해서는 안 된다. 젊은 부부가 아이를 낳아 잘 키울 수 있도록 기업이 노력을 해야 한다.

인구 변화에 따른 전망은 비관적이지만 긍정적인 요소도

고수의 독서법을 말하다

있다. 인구는 완벽한 예측이 가능하기 때문에 적절한 대응책을 마련할 수 있다는 것이다. 이럴 때는 개인도 정신을 차려야 한다. 수년 내로 경쟁률이 뚝 떨어질 자녀의 대학 입시를 위해 월급을 탕진하는 일은 그만두어야 한다. 더 늦게, 더 적은 연금을 받게 될 노후를 어떻게 대비할지 고민해야 한다. 내 핏줄은 아니지만 자라나는 새싹들을 위해 보육수당, 무료 급식 등을 위한 세금을 아낌없이 내야 한다. 그래야 그들도 100세까지 살아 있을 나와 내 친구들을 위해 기꺼이 세금을 낼 것이다.

문제의 한자는 물을 문(問)과 제목 제(題)다. '題'를 파자하면 옳을 시(是)에 머리 혈(頁)이다. '무엇이 옳은지를 따져 그것을 제목으로 하라는 것'으로 의역하면 '정말 문제의 원인이 뭔지를 정확히 생각하라'는 말이다. 인구 문제도 그렇다. 인구 문제의 본질인지를 정확히 파악하는 것이 가장 중요하다. 완벽하게 파헤쳐진 문제점은 반은 해결된 것이나 마찬가지다.

환경 문제로 고민하는 대통령의 독서

《문명의 붕괴》(재레드 다이아몬드 지음, 강주헌 옮김, 김영사, 2005)
《문명, 그 길을 묻다》(안희경 지음, 이야기가있는집, 2015)

미세먼지 문제가 심각하다. 이로 인해 이민을 검토하는 사람도 늘어나고 있다. 환경 문제와 관련해 책을 읽고 이에 대해 생각해보자.

《문명의 붕괴》

마야 문명, 남태평양의 이스터 섬, 앙코르와트는 한때 잘나갔지만 지금은 완전히 몰락한 문명의 대명사다. 도대체 몰락의 원인은 무엇일까? 앞으로는 그런 일이 일어나지 않을까? 만약 앞으로 그런 일이 일어난다면 그곳은 어디일까?

《문명의 붕괴》는 UCLA 지리학 교수이자 《총균쇠》로 풀리처상을 수상한 제레드 다이아몬드가 쓴 책으로, 과거 문명의 붕괴 과정을 살펴봄으로써 미래 우리 모습을 예측하는 내용이다.

문명 붕괴의 원인은 크게 다섯 가지로 볼 수 있다. 환경 파괴, 기후 변화, 이웃 나라와의 적대적 관계, 우방의 협력 감소, 사회 문제에 대한 구성원의 위기 대처 능력 저하가 그것이다. 하지만 비중은 다르다. 저자는 이 책의 제목을 정확히 '환경 요인, 그리고 다른 네 가지 문제로 인한 사회의 붕괴'라고 이야기한다. 결국 환경 문제가 문명 붕괴에 결정타가 된다는 것이다.

환경 파괴로 인한 몰락의 대표 지역은 남태평양 이스터섬이다. 이 섬의 몰락에 대해서는 갖가지 설이 난무하지만 저자는 단호하게 환경 훼손이 원인이라고 이야기한다. 이곳에는 서기 900년부터 사람들이 정착해 살았는데 두 번의 천연두, 납치, 전염병으로 인구의 8분의 7이 사망했다. 그래도 1864년까지는 2,000명 정도가 살고 있었다. 하지만 숲이 사라지면서 모든 것이 변했다. 생태계가 파괴되자 야생동물이 사라지고 식량은 줄어들어 전쟁이 일어났고 인구는 더욱 줄어들었다. 먹을 것이 떨어지자 급기야 식인풍속까지 생겼다. 1872년에 주민 수는 111명에 불과했고 끝내 몰락했다. 현대의 소말리아, 르완다의 어려움도 사실 주된 이유는 환경 훼손이다.

 폴리네시아인들이 정착한 핏케언 섬과 헨더슨 섬의 몰락은 우호적인 이웃의 지원 중단으로 붕괴한 예다. 핏케언 섬과 헨더슨 섬 역시 국지적인 환경 훼손이 있긴 했지만 그보다는 주된 무역 상대국인 망가레바 섬이 환경 문제로 인해 붕괴된 것이 치명타였다. 그들은 농산품, 기술, 돌, 굴 껍질, 심지어 사람까지 모든 걸 망가레바 섬에 의존하며 살았다. 그런데 망가레바가 쇠락하면서 같이 몰락의 길을 걷게 된 것이다. 현재 우리는 얼마나 많은 것을 외부에 의존하고 있나? 원유를 공급하는 중동이 몰락한다면? 중국이나 미국 같은 수출시장이 몰락한다면? 아마 다 같이 몰락할 것이다. 이제 혼자만 잘한다고 살아남을 수 있는 것은 아니다. 세계화란 어떤 면에서는 지구 전체를 취약하게 할 수도 있다는 생각이다.

 이스터 섬과 마찬가지로 마야의 붕괴 원인에 대해서도 갖가지 설이 난무한다. 하지만 저자의 주장은 확고하다. 환경 파괴와 과잉 인구가 전쟁을 유발했고, 그로 인해 몰락했다는 것이다. 좀더 살펴보면 다섯 가지로 분석할 수 있다. 첫째, 가용자원을 넘어선 인구 증가다. 1798년 토마스 맬서스가 예견했고, 오늘날 르완다와 아이티 등 여러 곳에서 확인되는 현상과 유사한 딜레마가 마야에 닥쳤던 것이다. 지나치게 많은 인구가 제한된 땅에 지나치게 많은 곡물을 재배한다. 둘째, 그리다 보니 삼림을 파괴하게 되고 산허리는 침식이 됩니다. 삼림 파괴는 가뭄, 홍수, 토양 고갈을 가져오고 쓸모 있는 농지는 더 줄어든다. 셋째, 인구는 많은데 자원은 부족하다 보니 전쟁은 필연적이다. 거기다 삼림 파괴로 인해 기후가 바뀌고, 피신할 곳마저 없어진다. 지도층은 이런 위기를 극복할 지혜가 없으니 자연스럽게 사회 전체가 붕괴하는 것이다.

환경으로 인한 붕괴는 과거의 일만이 아니다. 현재도 한국에 큰 피해를 주고 있는 중국의 환경 문제는 주요 국가들 중 가장 심각하며, 계속 악화되고 있다. 생물의 종과 경작지 감소, 사막화, 습지대 상실, 초지의 황폐화, 강물의 흐름 정지, 토양 침식, 쓰레기, 수질 오염, 물 부족에 이르기까지 헤아릴 수 없다. 이런 환경 문제들은 이미 중국 내에 막대한 문제를 일으키고 있을 뿐 아니라 다른 나라에까지 문제를 전파하고 있는데 그 결과는 아무도 예상하지 못한다.

호주도 환경적으로 아주 열악하다. 호주는 재생 속도보다 더 빠른 속도로 모든 자원을 채굴하고 소비해왔다. 현재 속도로 채굴을 계속하면 모든 삼림 자원과 수산 자원은 석탄과

철이 바닥나기 한참 전에 고갈되고 말 것이다. 또 유럽에서 들어온 토끼와 양이 토양을 침식하는 어처구니없는 일이 발생하기도 한다. 국가적으로 많은 노력을 하고 있지만 결과가 어떠할지는 예측하기 어렵다. 우리에게는 잘사는 나라, 환경이 좋은 나라로만 알려졌던 호주의 현실은 참으로 안타까운 일이다.

그런데 이상한 일이 있다. 환경의 중요성을 다 알고, 이렇게 가다가는 지구가 멸망할 수도 있다는 것을 떠들면서 왜 사람들은 이를 막지 못하는 걸까? 첫째, 예측의 실패다. 설마 문제가 그렇게 심각할까 생각하면서 안이하게 대처하는 것이다. 둘째, 인식의 실패다. 환경 문제 같이 정말 중요한 문제는 대부분 서서히 온다. 그래서 인식하지 못한다. 그렇지만 인식하는 순간은 해결이 불가능하다. 온난화 문제, 인구 문제, 교통문제, 에너지 문제, 환경 문제가 다 그렇다. 하나도 급해 보이지 않는다. 그렇지만 인식하는 순간 이미 너무 늦은 것이다. 그 외에도 구성원의 위기 대처능력, 가치관, 잘못된 의사 결정들이 다 문명의 붕괴를 가져온다.

젠가(Jenga)라는 게임을 아는가? 나무를 쌓아놓고 중간 것을 하나씩 빼다 어느 순간 기둥이 무너지면 그 사람이 지는 게

고수의 독서법을 말하다

임이다. 이화여대 최재천 교수는 문명의 붕괴는 젠가게임처럼 올 것이라고 예측한다. 서서히 나빠지는 것이 아니라 어느 날 갑자기 모든 것이 붕괴될 것이라는 이야기다. 현재 우리에게 가장 중요한 문제는 조금 더 생산성을 올리고, 조금 더 잘사는 것이 아닐 것이다. 그보다는 어떻게 하면 지속 가능한 기업, 사회를 만들 것이냐 하는 문제일 것이다. 이를 위해서는 과거의 실패를 거울삼아 환경적인 문제, 생태적인 문제에 좀더 관심을 기울여야 한다.

《문명, 그 길을 묻다》

사회가 어떤 논제에 관심을 갖느냐를 보면 그 사회의 수준을 파악할 수 있다. 후진국일수록 먹고사는 문제에 집중한다. 경제 문제가 모든 것에 우선한다. 선진국일수록 가난한 사람들의 삶, 환경, 지구의 미래 같은 문제에 신경을 쓴다. 우리는 과연 어떤가?

《문명, 그 길을 묻다》는 재레드 다이아몬드, 노암 촘스키, 제레미 리프킨, 지그문트 바우만, 장 지글러, 하워드 가드너 그리고 중국의 변화를 이끄는 원톄쥔과 스리랑카의 간디로 불리는 A. T. 아리야라트네 등 세계의 지성을 대표하는 11명의 석학들의 생각을 한 권으로 엮은 것이다.

문명사학자이자 《총균쇠》의 저자 제러드 다이아몬드는 "지금 같은 방식으로 산다면 지구의 미래는 어떻게 될까?"라는 질문을 던진다. 50년을 버티지 못할 것이라는 것이 그의 의견이다. 우리는 너무 자원을 낭비하고 함부로 살고 있다. 어업이 기업화되면서 어류는 씨가 말라가고 있다. 참치는 사라져가고 황새치는 대서양에서 자취를 감추었다. 이렇게 대량으로 잡은 물고기 대부분은 가축사료용으로 팔린다. 한국의 경우 해안매립과 개발로 인해 조기와 민어가 산란장을 잃었다. 바다생물의 지속 가능성을 높이기 위해서는 강력한 규제가 필요하다.

물 문제도 심각하다. 몇몇 지역은 물 전쟁이 일어날 가능성이 높다. 다뉴브강을 두고 헝가리와 체코슬로바키아가 충돌하고 있고 시리아와 터키도 유프라테스 강물 문제로 1974년 전쟁 직전까지 갔다. 중국과 베트남과 태국은 히말라야 고원에서 내려오는 물을 서로 차지하려 한다. 물을 확보하지 못하면 경제기반이 흔들리는 건 물론 생존을 위협한다. 앞으로 물이 석유보다 귀할 것이다.

온난화로 히말라야 만년설이 녹고 있다. 만년설의 경계선이 지난 50년 동안 180미터나 올라갔다. 조만간 빙하 쓰나미가 몰려올 것이다. 만년설이 녹으면 아프가니스탄부터 미얀마까지 쓰나미가 휩쓸 것이다. 하지만 인간은 그런 문제에 둔감하다. 인간은 마지막 물고기를 잡고 나서야 비로소 돈을 먹을 수는 없다는 사실을 깨닫게 될 것이다.

더 이상 새로운 기술은 필요하지 않다. 이미 지속 가능을 위한 기술을 갖고 있다. 지금 우리에게 필요한 건 정치적 선택이다. 화석연료 사용을 줄이고 바람이나 태양 같은 자연을 활용해 에너지를 생산해야 한다. 미국인은 유럽인보다 두 배의 에너지를 사용한다. 모든 사람이 미국인처럼 에너지를 쓴다면 지구 여섯 개 필요하고, 유럽인처럼 쓴다면 지구 세 개가 필요하다. 지속 가능한 경제란 생산에 맞춰 소비하는 것이다. 에너지 소비 자체를 줄여야 한다.

다음은 《육식의 종말》, 《노동의 종말》 등 종말 시리즈의 저자로 유명한 제러미 리프킨이다. 그는 환경 문제에 관한 한 타의 추종을 불허하는 사람이다. 지구는 4억 5,000만 년 동안 다섯 번의 멸종기가 있었는데 여섯 번째 멸종기가 오고 있다. 모두 온도 변화 때문이다. 이번 세기 안에 생명의 종 가운데 60퍼센트가 사라질 수도 있다. 기후 변화는 물 순환을 바꾼다. 기온이 1℃ 올라갈 때마다 강수의 7퍼센트 이상이 대기로 올라간다. 열기가 물을 빨아올리는 것이다. 이를 방지하기 위해 3차 산업혁명을 일으켜야 한다. 3차 혁명은 에너지 민주화가 관건이다. 새로운 에너지를 만들고, 그 체계를 운영할 새로운 커뮤니케이션 혁명을 만들어야 한다. 앞으로는 에너지도 개인이 만들고 소유하고 팔 수 있다. 개인이 발전소 주인이 되는 것이다.

3차 혁명에는 다섯 가지 요소가 있다. 첫째, 재생 에너지다. 그는 유럽연합을 위해 큰 그림을 만들었고 그 계획에 따라 전력의 3분의 1이 그린 에너지로 전환될 예정이다.

둘째, 변화를 만들어가는 과정에서 경제가 활성화된다. 살고 있는 건물이나 일터에서 사용할 수 있는 에너지를 바로 그 공간에서 생산할 수 있도록 작은 개인발전소를 설치하는 것이다. 이런 개조는 노동집약적이다. 리모델링과 관리를 위한 수천 개의 작은 사업장이 필요하다. 현재 유럽연합 27개국 1억 9,000만 채의 건물이 발전시설을 갖추기 위해 리모델링을 하고 있다. 개인 컴퓨터, 개인전화에 이어 개인발전소까지 갖게 되는 것이다.

셋째, 생성된 에너지를 저장하는 일이다. 늘 햇살이 있는 것도 아니고, 늘 바람이 부는 것도 아니다. 사용하고 남은 전기를 저장해 부족할 때 꺼내 쓸 수 있어야 한다. 여기에는 수소전지의 가능성이 높다. 유럽연합은 수소에 대한 연구개발에 많은 투자를 하고 있다. 곧 발전된 축전기술이 실용화

될 것이다.

넷째, 스마트그리드이다. 전기의 생산, 운반, 소비과정에 IT기술을 접복하여 공급자와 소비자가 서로 상호작용함으로써 효율성을 높인 지능형 전력망이다. 인터넷을 통해 에너지를 공급받는 것이다. 유럽은 인터넷 스마트그리드를 사용한다. 에너지 흐름이 인터넷 정보처럼 뜬다. 지역별로 그린에너지 저장 상태에 대한 정보를 만들어 디지털로 저장하고 온라인에서 나눈다. 앱을 통해 필요한 곳에 전해준다. 온라인을 통해 아일랜드에서 체코로 에너지를 전해준다.

다섯째, 운송이다. 도요타가 2015년 수소 하이브리드 자동차를 선보일 예정이다. 혼다, 현대, 지엠도 하이브리드자동차를 생산하고 있고 더 발전된 제품을 출시할 예정이다. 누구나 앱을 통해 가까운 곳에 있는 재생 에너지 생산 빌딩을 찾아 플러그를 꽂고 충전하면 된다.

이런 분산적 에너지 생산은 거대기업이 할 수 없다. 61개 나라에서 발전차액지원제도를 추진하고 있다. 개인이 전기를 생산하면 시장가격보다 높은 가격으로 팔 수 있다. 그래서 많은 사람이 그린전력을 만들 생각을 한다. 20년 후면 대부분 유럽 건물은 그들만의 전력시설을 갖게 될 것이다. 정보를 개인이 생산하면서 신문이 내리막길을 걷고 있다. 이런 움직임이 에너지로 옮겨가고 있다. 누구도 이 흐름을 멈출 수는 없다.

셰일가스 개발은 시대를 거스르는 일이다. 그 배후에는 중앙집중식 화석연료 에너지 자본이 있다. 채취할 때 사용하는 화학물질이 지하수를 오염시키고 천연가수 시추보다 탄소발생량이 많아 지구온난화를 촉진한다. 만약 미국이 앞으로 8~10년을 놓친다면 2025년에는 이류 국가로 전락할 것이다. 기회는 오래 머물지 않는다. 핵 발전의 경제적 효용은 끝났다. 송전탑은 중앙집중적 방식이다. 먼 거리까지 전기를 전달할 수는 있지만 송전탑이 설치되는 지역민들의 희생을 강요한다. 댐도 그렇고 핵발전소도 그렇다. 민주적 방식은 아니다. 현재 핵 발전의 비중은 6퍼센트에 불과하다. 우라늄 매장이 적어 앞으로는 가격적인 장점도 사라질 것이다. 폐기물을 묻을 곳도 없다. 무엇보다 문제는 물 부족이다. 냉각수가 없는 것이다. 담수의 40퍼센트를 냉각수로 사용하는데 기후변화로 인해 물이 뜨거워져 사용할 수 없는 것이다.

다음은 노엄 촘스키다. 미국인이고 미국에 살지만 정부에 대해 쓴소리를 잘하는 사람이다. 그가 평가한 미국의 NAFTA 20년은 충격적이다. NAFTA 이후 미국 정부의 지원을 받아 대규모로 재배된 값싼 미국농산물이 쏟아져 들어

오자 멕시코 농부들은 파산하고 땅을 버리고 도시로 이주했다. 공장노동자의 삶이 힘들자 벌이가 나은 미국으로 몰려갔는데 국경 수비내가 이들을 막고 있었던 것이다. 월경은 목숨을 건 도박이다. 미국은 수비를 강화하고 있는데 이는 강자의 이익을 위한 사다리 걷어차기인 셈이다.

자본은 자유롭게 움직이는데 왜 노동은 움직일 수 없는가? 만약 자본 대신 노동이 자유로이 이동할 수 있다면 농부들은 미국이나 캐나다로 갈 수 있다. 요즘 이슈가 되고 있는 TPP 역시 매우 복잡한 사안이다. 신중하게 봐야 한다. 핵심은 무역협정인데 무역과는 전혀 상관이 없다는 것이다. 우리는 협정의 세부사항을 모른다. 대중에게 비밀로 하고 있다. 사안 중 지적재산권 관련이 있는데 매우 극단적으로 오용되도록 하는 것들이 있다. 독점적 가격결정권 보장 같은 것들이다. 이를 통해 제약업체, 미디어업체들 이익이 불공정하게 보장될 것이다.

한국은 경제와 평화를 위해 중립화를 해야 한다. 거대한 세력들의 갈등과 대치에서 떨어져 나와야 한다. 미국에 의존하는 국방이라면, 그들의 이로움을 염두에 둔 전략에 따라 한반도 안보가 휘둘릴 수밖에 없다. 상황에 따라 중요도는 달라질 것이다. 그럴 때마다 미국에게 감축을 하지 말아

달라고 요청하고, 전작권 회수를 두려워한다면 이는 주권국의 모습은 아니다. 무엇보다 그가 한국 통일에 대한 조언이 인상적이다. "남과 북은 상호보완적이다. 북한에는 광물자원과 많은 예비노동력이 있고 남한에는 기술과 공장이 있다. 매우 좋은 그림이다. 분명 통일이 되면 경제적으로는 이득이 될 것이다. 하지만 값싼 노동력을 취하는 것이 통일의 목적이 되어서는 안 된다. 그런 의도의 통일은 바람직하지 않다. 그보다는 북한노동자의 생활수준을 남한수준까지 점진적으로 향상시키겠다는 목표를 가져야 한다." 이 얼마나 준엄한 경고인가.

이외에도 이 책은 다양한 이슈에 대해 의문을 제기한다. 식량 문제가 그렇다. 미국의 경우 2퍼센트의 농민이 98퍼센트의 국민을 먹여 살리고도 남아 농산물을 전 세계에 수출한다. 지천에 넘쳐나는 음식으로 전 국민의 반 정도가 비만으로 고생을 한다. 하지만 한쪽에서는 기아에 시달린다. 농산물 덤핑은 위험하다. 유럽연합에는 28개국에 4억 8,000만 명이 살고 있지만, 그들은 아프리카로 식량을 값싸게 수출한다. 오늘날 아프리카 시장에서 살 수 있는 농산물은 프랑스, 그리스, 스페인, 독일 등에서 들여온 야채, 과일, 닭뿐이다. 이 농산물 가격은 아프리카 농산물의 반값이다. 다카르는 서부 아프리카에서 제일 큰 도시인데, 아프리카 농부들은 부인과 아이들 할 것 없이 모두 살갗이 탈 정도로 뜨겁게 내리쬐는 태양 아래서 매일 10시간씩 노예처럼 일한다. 그렇게 일하고도 생존하는 데 필요한 최소한의 음식을 사기도 어렵다.

우리가 원하는 사회는 어떤 사회인가? 우리는 어떤 미래를 선택할 것인가? 우리는 성장을 위해 쉼 없이 달려왔다. 그렇게 바라던 국민소득 2만 5,000달러를 넘어섰고, 이제 그 풍요를 누리며 살 수 있을 것이라고 생각했다. 하지만 자살률은 증가하고, 실업률은 OECD 국가 중 1위다. 풍요의 시대를 위해 달려왔지만, 우리를 기다리고 있는 현실은 추가된 노동시간과 빚이다. 이 책을 통해 경제 문제에만 몰두하고 있는 우리들이 새로운 통찰력을 얻길 기대한다.

6장

읽고 생각하고
요약하고 글쓰기하다

백 번 들어도 모르고
직접 경험해야 아는 독서의 맛

　책사세, 책엄세 같은 독서토론회를 하면서 가장 많이 받는 질문이 "어떻게 하면 책과 담을 쌓은 사람(친구, 배우자, 자녀 등)에게 책을 읽게 할 수 있나요?"다. 책에 관한 이야기도 해주고, 책 읽는 모습도 보여주고, 때론 요청도 하고 강요도 하지만 꿈쩍도 하지 않는다는 것이다.

　그런 쓸데없는 노력은 하지 말라는 것이 내 결론이다. 목마르지 않는 사람에게 물을 먹이려는 것처럼 쓸데없는 일이 없다. 책 읽을 필요성, 책 읽는 즐거움을 모르는 사람에게 책을 읽게 하는 것은 거의 불가능에 가깝다.

경험하지 않으면 평생 알 수 없는 기쁨

나는 제법 다양한 독서모임에서 강의를 했는데 이 모임에서 봤던 사람을 저 모임에서 또 만나는 경우가 잦다. 이름은 모르지만 낯익은 얼굴들을 자주 본다. 이들은 책을 사랑하고 독서의 즐거움을 알고 저자와 이야기를 나누는 기쁨을 아는 사람들이다.

책을 읽고 책을 소개하고 책을 쓰고 자신이 쓴 책으로 강연하고 독서토론을 하는 건 내 삶의 중요한 축이다. 모두 내가 아주 좋아하는 일이다. 책과 담을 쌓은 사람에게는 이런 내가 이상하게 보일 수 있다. 책이 뭐라고 저렇게 살까 싶기도 할 것이다. 난 그들을 이해한다. 나 역시 한때는 그렇게 살았기 때문이다.

책 안 읽는 사람을 나무랄 생각도 그럴 자격도 없다. 하지만 꼭 해주고 싶은 말은 있다. 책을 읽지 않는 사람은 절대 알 수 없는 책 읽는 즐거움이 있다는 것, 나만의 쾌감이 있다는 것이다. 이는 경험하기 전에는 알 수 없고 설명도 불가능하다.

이승에서 도저히 만날 수 없는 사람, 이미 세상을 떠난 성인들도 책을 통해서는 만날 수 있다. 점심 식사 한 번 하는데 수십 억 하는 워렌 버핏도, 대기업 회장도 책을 통해서는 얼마든지 만날 수 있다. 세상에 이보다 남는 장사가 있을까? 사람은 사람을 통해 변화하고 발전할 수 있다. 나보다 나은 사람을 만나 늘 그늘의 이야기를 듣다 보면 당연히 조금씩은 발전할 수 있다.

난 책을 읽으면서 내가 변하는 걸 느낀다. 예전의 나보다 조금 나아진 나를 발견한다. 계속해서 이런 식으로 책을 많이 읽은 사람들과 전혀 책을 읽지 않는 사람들은 같은 세상을 사는 것 같지만 사실은 전혀 다른 세상을 살고 있다. 세상을 다른 눈으로 본다. 의식 수준이 높고 다양한 대화 소재가 있다. 난 교양에 대한 욕심이 있는데 책이 가장 손쉬운 방법이다. 책을 많이 읽으면 정신적으로 부자가 된다. 영혼이 풍족해진다. 남들과 다른 정신세계를 가질 수 있다.

시인 김용택은 "큰 가방 가득 책을 사오면 방 전체에 쫙 깔아놓고 그 위에서 뒹굴면서 본다. 너무 재미있다. 이건 완전히 다른 세상이다. 책을 베개 삼아 자기도 했다. 그러다 깨면 또 다시 뒹굴며 책을 읽는다. 그러다 어느 날 보니까 내가 시를 쓰고 있는 거다. 깜짝 놀랐다. 시가 내게로 온 거다."라고 했다. 즐거운 마음으로 열심히 책을 읽었고 그러다 보니 시인이 됐다는 것이다.

오롯이 나만 느낄 수 있는 즐거움

난 독서와 글쓰기가 즐겁다. 다른 사람은 모르는 나만의 즐거움인데 이걸 '자쾌'라고 한다. 글사세 회원 김자옥님의 글에서 배웠다. 그녀는 《탁월한 사유의 시선》(최진석 지음, 21세기북스, 2018)을 인용해 이런 글을 썼다.

초위왕이 장자가 현인이라는 소문을 듣고 그를 재상으로 삼으려 사신을 보냈지만 장자는 더러운 진흙 구덩이에서 나 자신만의 즐거움을 택할지언정, 통치자에게 얽매이는 삶을 살지는 않겠다며 이를 거절한다. 장자는 자신만의 즐거움을 '자쾌(自快)'라고 말했는데 이는 독립적인 삶을 말한다. 의존적인 쾌락이 아닌 내 안에서 내가 생산해낸 나만의 고유한 쾌락을 뜻한다. 젊을 때 자쾌를 충분히 즐겨야 한다. 의존적이지 않은 나만의 쾌락 즉 사이토 다카시가 말하는 뇌를 뜨겁게 달아오르게 하는 지적인 생활을 젊을 때 즐기고 몸에 익혀둬야 한다. 그래야 노후를 즐길 수 있다. 가장 시간이 많고 가장 여유로운 이때 자쾌를 즐길 줄 모른다면 남아도는 시간은 그저 고통일 뿐이다. 나는 이제야 자쾌를 즐긴다. 함께하는 즐거움보다 혼자 있는 즐거움이 더 크다.

고수의 독서법을 말하다

은퇴한 후 많은 사람이 심심한 노후를 보낸다. 만약 책을 읽고 글을 쓰는 '자쾌'의 즐거움을 안다면 훨씬 충만한 생활을 할 수 있다는 말이다. 독서는 나만의 즐거움인 자쾌다.

어제의 나보다
좀더 성장한 오늘의 나

아는 것의 정의는 실천이다. 머리로 아는 건 아는 게 아니다. 아는 걸 행동으로 옮기지 않으면 아무 소용이 없다. 독서도 그렇다. 독서를 제대로 하는 방법은 책에서 배운 걸 하나라도 실천하는 것이다.

요즘 제일 많이 하는 게 독서토론회에서 책을 읽고 거기에 관한 이야기를 서로 나누는 일이다. 뭘 느꼈는지, 무엇이 가장 공감되고 무엇을 가장 많이 반성했는지, 그래서 앞으로 어떻게 할 건지를 말하고 듣는다. 내가 참 좋아하는 모임이다.

독서토론회에서 오가는 대화들은 영양가 100퍼센트다. 그

고수의 독서법을 말하다

런 모임을 몇 번 하면 사람들이 변하는 게 눈에 띈다. 몸이 달라지고, 얼굴이 달라지고, 행동하는 게 달라진다. 참으로 부럽 있는 일이다.

행동 변화까지 이어지는 독서여야 한다

그런데 그렇지 않은 사람들도 종종 있다. 그야말로 책만 읽는 사람들이다. 많은 책을 읽지만 행동 변화가 전혀 일어나지 않는다.

독서토론회 단골 책 중 하나는 내가 쓴 《몸이 먼저다》이다. 한 회원은 그 책을 읽은 후 운동과 식사 조절을 하겠다고 내 앞에서 굳게 결심을 했다. 그런데 몇 달 만에 만났는데 몸이 오히려 더 무거워 보였다. 운동을 하냐고 물어보니 당황해하며 하루 한 시간 걷기를 한다고 했다. 더 하는 건 없느냐고 물었더니 그뿐이란다. 난 그에게 이렇게 이야기했다. "하루 한 시간 걷는 걸로는 변화를 기대할 수 없다. 좀더 시간을 들이고 강도를 높여야 한다." 그 회원은 온갖 독서모임, 강연 등에 열성적으로 참여했는데, 난 그런 식으로 이 모임 저 모임 기웃거리지 말고 차라리 당신이 배운 걸 하나라도 행동으로 옮기라고 조언했다.

책을 읽기만 해서는 별 의미가 없다. 아는 게 많아진다고 해도 별 가치가 없다. 많이 알아서 뭐하나? 남들 앞에서 지식이라도 뽐낼 셈인가? 참으로 비생산적이다. 아는 것을 행동으로 옮겨 스스로 효용성을 실감하는 게 생산적인 독서가 아닐까.

"사람이 책을 만들고, 책이 사람을 만든다."라는 격언이 있다. 그런데 이게 되려면 '책에서 배운 걸 실천해야 한다'는 전제조건이 필요하다. 난 아는 걸 실천하려고 노력한다. 프로세스는 간단하다. 일단 관심 있는 분야의 책을 집중적으로 읽고 요약한다. 읽은 후 사람들에게 관련 이야기를 하고 그중 일부는 실천한다.

지금의 생활은 대부분 어디선가 본 것 중 가슴에 와닿은 걸 하나씩 실천한 결과다. 아침에 일찍 일어나기, 나만의 리추얼 만들기, 차 마시기, 짧은 거리는 가능한 한 도보로 이동하기, 노동자처럼 일정한 시간에 글쓰기, 약속시간보다 15분 전에 가서 기다리기, 내가 말하기보다 질문을 던져 상대방이 말하게 하기, 말하기 전 한 템포 늦추기, 저녁 약속은 가능한 한 잡지 않기, 대기업을 나와 대기업을 위해 일하기, 나보다 훨씬 젊은 사람들과 많이 어울리기, 내 지식의 일부를 다른 사람과 나누기, 엄격한 사람보다는 선선한 사람이 되기….

고수의 독서법을 말하다

성장은 계속될 수 있다

책을 읽는 것으로 그치면 안 된다. 책을 읽고 아는 바를 내 것으로 만들어야 한다. 이를 위해서는 간단한 것이라도 실행해야 한다. 어떤 주제에 대해 책을 썼다는 건 뭐라도 하나 건질 게 있다는 것이다. 설령 저자의 주장이 내게 맞지 않을 수도 있다. 하지만 맞는지 아닌지 실험해보는 그 과정 자체가 흥미롭다. 책 하나에서 하나만 배워도 백 권이면 백 개를 내 것으로 할 수 있다. 세상에 이보다 괜찮은 일이 어디 있는가?

《일독일행 독서법》을 쓴 유근용은 이를 실천해 성과를 이룬 사람이다. 그는 부모님의 이혼과 계모의 학대로 마음을 닫아버린 소년이었다. 싸움과 오토바이 폭주로 경찰서와 법원까지 드나들었던 문제아 중 문제아였다. 담임선생님에게 "너 계속 이렇게 살면 인간쓰레기 된다."라는 말까지 들었다. 게임 중독에 빠져 공부와 책을 거들떠보지도 않았다. 낙오자 중 낙오자였다. 그랬던 그가 군대에서 처음으로 책을 읽으면서 변하기 시작했다. 이때 쓴 책이 한 권의 책을 읽고 이를 실천하면 지금보다 나은 삶을 살 수 있다는 '일독일행(一讀一行)'의 메시지가 담긴 《일독일행 독서법》이다. 책을 쓸 때까지 14년 동안 하루도 거르지 않고 책을 읽고 책 속에서 수많은 인생 멘토를 만났다. 그는 다음과 같이 이야기한다.

"책을 읽는 것과 책을 내 것으로 만드는 것은 전혀 다른 문제다. 자칫 잘못하면 책만 읽는 바보가 될 수 있다. 책을 읽는 것에서 끝내지 말고 쓰고 행동해야만 한다. 즉 일독일행해야만 진정한 독서가가 될 수 있다."

책을 읽는 게 중요한 게 아니다. 책을 읽고 하나라도 실천하는 게 중요하다. 누구나 할 수 있을 것 같지만 결코 쉬운 일이 아니다.

공부하고 책 읽고 글 쓰는 사람이 세상을 바꾼다

같은 책을 읽은 사람들이 함께 모여 읽은 책에 대한 이야기를 나누는 것은 독서법의 핵심 중 하나다. 난 그동안 기업을 대상으로 제법 많은 독서토론회를 했는데 몇 해 전부터는 일반인을 대상으로 독서토론회를 하고 있다. 강연회에서 우연히 만난 꼬알여사(꼬집어 알려주는 여사) 유지윤 씨를 만난 게 계기였다. 그녀는 육아 관련 책을 무려 3,000권이나 읽었고 하이책 독서모임의 핵심 멤버였다. 그녀와 의기투합해 네 종류의 독서모임을 만들었다. 공사세, 책엄세, 책사세, 글사세가 그것이다.

첫째, 공사세는 '공부하는 사람이 세상을 바꾼다'는 뜻으로 책과 익숙하지 않은 사람을 대상으로 한 입문과정이다. 책 읽는 방법을 알려주고 책과 친숙하게 하는 게 목적이다.

둘째, 책엄세는 '책 읽는 엄마가 세상을 바꾼다'는 뜻으로 엄마들을 대상으로 한 초보과정이다. 생각보다 엄마들의 영향력은 절대적이다. 엄마들이 공부하면 애들이 바뀌고 남편도 바뀐다. 그렇게 작은 변화를 일으켜 세상을 바꾸고 싶다는 취지에서 만들었다.

셋째, 책사세는 '책 읽는 사람이 세상을 바꾼다'는 뜻으로 어느 정도 독서력을 갖춘 이를 대상으로 한 고급과정이다. 인문학 책 중에 잘 읽히고 효용성이 높은 책을 골라 읽고 논의한다.

넷째, 글사세는 '글 쓰는 사람이 세상을 바꾼다'는 뜻으로 독서력이 상당 수준 쌓인 이를 대상으로 하는 고급과정이다. 아무리 책을 많이 읽어도 아웃풋이 없으면 한계가 있다. 내가 생각하는 독서의 최고 아웃풋은 글쓰기다. 주로 책엄세와 책사세의 회원들이 글사세에 들어온다. 하나의 주제로 글을 쓰고 낭독해본다. 평범한 엄마들인데 정말 기막힌 글이 많다. 열기가 뜨거워서 내가 오히려 많은 걸 배우고 있다.

고수의 독서법을 말하다

글사세 회원들이 쓴 글 중 하나를 소개한다. 윤미리 님이 쓴 글인데, 그녀는 오랜 미국생활 끝에 귀국해 열심히 돈 공부를 해서 경제적 문제를 어느 정도 해결했다고 한다. 어느 기사를 읽고 자신의 상황과 경험을 바탕으로 쓴 글이다.

미국의 양적 완화에 대한 기사들을 꾸준히 읽어가면서 당시 내 머릿속에는 '전 세계의 기축 통화인 달러가 전 세계에 풀렸다. 돈의 가치가 폭락하고 있다. 이 시기에는 무조건 현금을 현물로 바꿔야 한다. 시간을 아껴야 한다. 시간을 아끼는데 목숨을 걸자'라는 생각뿐이었다. 달러가 기축통화가 되면서 미국의 상황에 따라 돈을 풀고 말고를 반복하면 돈은 절대적 가치의 돈이 아니라는 깨달음 때문이었다. 내린 결론은 이렇다. '어떻게 돈을 모을 것인가보다는 시간을 어떻게 아낄 것인가'에 대해 연구하자는 것이다. 당시 내 생각이 맞음을 확인한 책이 바로 하나금융투자 박문환 이사가 쓴 《샤프슈터가 아들에게 보낸 편지》다. 그 책의 일부 내용이다.

"과거에는 돈과 금 가치의 연동으로 인해 물가가 급히 오르는 경우가 많지 않았다. 하지만 명목화폐의 시대가 되면서 물가라는 무서운 적과 자주 싸워야만 한다. 특히 위기 때 선진국은 명목화폐 수량을 대폭 늘리는데, 그럼 10년에 한두 번 정도 물가가 급하게 오른다. (중략) 미국은 달러라고 하는 황금알을 낳아주는 거위가 있지만 오히려 빚을 많이 지게 되었다. 거위가 낳은 하루 한 개의 알만큼 쓰면 되는데, 그 이상 펑펑 쓰면서 적자가 누적되면서 오늘날 미국은 천문학적 빚을 지게 된 것이다. 이른바 달러의 저주다. 다급해진 미국은 거위를 재우지 않고 하루 두 개 이상 알을 낳게 했는데, 그런 비정상적인 행동을 '양적 완화'라고 부른다. 비정상적인 방법에는 부작용이 따르기 마련이다. 누군가는 그만한 손실을 볼 수밖에 없는데 바로 기축 통화를 사용하는 모든 사람들이 그들이다. 그들은 '물가세금'이란 불이익을 감수할 수밖에 없다. (중략) 왜 사람들은 물가가 오른다고만 생각할까? 왜 돈의 가치가 하락한다고 생각은 하지 못하는 것일까? '양적 완화'가 열쇠다. '양적 완화'는 부자와 가난한 사람을 가르는 '하늘의 문'이다. 양적 완화가 시작되면 가치가 떨어지는 현금을 들고 있는 건 어리석은 행동이다."

당시 시간을 아낄 수 있는 방법은 신용대출이었다. 대출 이자는 시간을 빌린 대가였기에 흔쾌히 지불 할 수 있었다. 한국도 미국의 금리인하에 발맞추고 있었기에 대출금리도 그다지 크게 느껴지지 않았다. 돈의 가치가 폭락한다면 결국 빚의 가치도 줄어들 테니 빚을 현물로 바꿔둔다면 몇 배 이익일 수 있겠다는 생각이 들었다. 국내 부동산 상황도 매수하기에 좋았다. 신용 대출로 부동산을 사고팔면서 자산을 비중심지에서 중심지로 가꾸 모아갔나. 남보대출로서의 가치가 있는 것들을 자꾸 모았다.

시간을 아끼는 나만의 방법은 신용카드의 무이자 할부를 적극 이용하는 것이었다. 예를 들어 30만 원어치 장을 본다면 30만 원을 한꺼번에 쓰는 것을 아까워했다. 투자 기회가 그만큼 사라지기 때문이었다. 시간을 벌어주는 무이자 할부를 적극 활용했다. 30만원을 무이자 6개월 할부로 하고 5만 원만 결제하고 25만 원으로 주식을 샀다. 그렇게 매달 무이자 할부로 생필품을 사고 결제를 늦춰 시간을 번 대가로 주식을 샀다.

주식으로 돈을 벌기도 하고 잃기도 했지만 무엇보다 소중한 경험을 남들보다 빨리 얻었다. 주식을 하면서 세상을 관찰하는 버릇과 세상을 더 깊이 이해하게 되었다. 중국의 최대 쇼핑 기간인 11월 11일 광군제가 되면 중국인들이 좋아하는 상품의 기업 매출도 올라가니 광군제 전 9월쯤 해당 기업 주식을 샀다. 개별 주식이 어려울 때는 레버리지나 인버스가 같은 ETF를 사기도 하고, 여름에는 겨울을 대비해 천연가스ETF를 사고, 미세먼지가 없을 때 미세먼지 관련 주를 사고, 뜨는 영화나 드라마의 제작사가 어디인지 살피는 등 세상을 보는 시야를 키울 수 있었다.

난 이 글을 읽고 깜짝 놀랐다. 어떻게 '양적 완화' 관련 기사를 보고 이런 생각을 할 수 있나 싶었다. 지식이 돈이 될 수도 있다는 생각이 들었다. 대부분의 사람은 양적 완화가 뭔지 모른다. 일부는 알지만 그걸 자신과 연계하지 못한다. 그건 경제학자들이나 아는 것이라고 생각한다. 그녀는 달랐다. 이를 자기 생활과 연계해 돈을 벌었다. 경제적 문제를 해결하기 위해 열심히 신문을 읽고 책을 읽고 거기에 대해 치열하게 생각하면서 스스로 방법을 터득한 것이다.

투자와 투기의 차이를 알고 있는가? 투기는 모르는 곳에 돈을 넣는 것이고 투자는 아는 곳에 돈을 넣는 것인데 윤미리 님은 바로 투자를 해서 돈을 번 것이다. 이게 지식의 힘이다. 미래는 더욱 그러하다.

독서 이웃 풋-글쓰기

선한 영향력이 있는 사람이고 싶다

신희선(글사세 회원)

보통 '독서로 삶이 바뀐 이야기'라고 하면 위인, 리더, 영웅 등의 일화를 먼저 떠올린다. 물론 세상의 흐름을 바꾸거나 역사서에 기록될 만큼의 인물이라면 가장 먼저 떠올릴 만하다. 그렇지만 그 정도의 변화까지는 아니더라도 누구나 독서를 통해 삶이 달라질 수 있다. 글사세 회원들에게 '독서가 어떻게 자신을 바꾸었는지'를 주제로 글을 써보라고 했다. 다음은 동탄에서 네일숍을 운영하면서 끊임없이 공부하는 신희선 원장의 글 전문이다.

독서가 어떻게 내 인생을 바꾸었을까? 20대에는 독서를 멀리했는데 이 시간이 제일 아깝다. 30대부터는 육아서를 열심히 탐독했다. 독서의 중요성을 깨닫고 두 아이를 책 읽는 아이들로 만들기 위해 노력했다. 한글책, 영어책 가리지 않고 읽어줬고, 영어 노래도 외우고 연습해서 불러줬다. 책 구입비로 매달 40만~50만 원을 지출했다. 벽이란 벽은 책으로 가득 찼고, 바닥에도 늘 책이 있었다. 책 읽는 아이로 키우기 위해 어디든 책을 갖고 다녔다. 다행히 책을 좋아하고, 스스로 잘 읽는 아이들이 됐다. 요즘은 매주 도서관을 이용해 책을 읽는다. 도서관에 가는 걸 당연하게 생각한다. 난 독서를 통해 충만함을 느꼈고 애들에게도 이런 기쁨을 주고 싶었다.

　새롭게 사업을 시작하면서도 난 책을 통해 경영을 배웠다. 책은 가장 쉽고 빠른 방법이었다. 책에 나온 방법을 사업에 적용해보았다. 효과적인 것도 있고 사업에 맞지 않는 부분도 있었다. 책에서 공부한 내용으로 실적이 나는 게 신기했다. 그건 시작에 불과했다. 이후 경영수업, 독서모임, 각종 세미나 등을 다니면서 지적 호기심에 불을 붙였다. 사업에 성공한 사람들 책을 주로 읽었는데 그 안에서 '선한 영향력'이란 메시지가 뇌리에 박혔다. '아~ 이게 내가 찾던 것이다. 앞으로 선한 영향력이 미칠 수 있는 일을 해야겠다'고 다짐했다. 선한 영향력이 바탕이 된 기업가들의 책을 섭렵하고 강의도 찾아다니면서 가치관이 생겼다.

　고수의 독서법을 말하다

"나 신희선의 사명은 네일 기술을 가진 네일 리스트들에게, 지식 기술과 경험, 열정을 바탕으로 꿈을 안내하고 성장을 도우며 노선을 칭찬한다. 기본에 충실한 네일리스트 양성을 위해 존재한다."

이런 내 변화가 주변 사람들에게 작지만 좋은 영향을 미치고 있는 것 같다. 책을 한 번도 읽어본 적 없던 직원들이 올해는 한 권이라도 읽고 싶다고 했다. 또 내 SNS 피드를 보고 자극받아 추천 책을 사서 읽었다는 사람, 독서모임이나 정보를 알고 싶어 하는 사람도 있었다. 기분 좋은 변화다. 선순환이 되어 책 읽는 사람들이 늘어나 세상이 바뀔지도 모르겠다.

남편과의 관계가 극도로 좋지 않을 때 전문가에게 상담도 받아보고, 주변사람들에게 도움도 청해 보았다. 여러 사람에게 조언을 구했지만 답이 없었다. 마음이 문드러지고 고통스러운 나날의 연속이었다. 부부 관련 책을 읽게 되었는데, 이때부터 마음을 다스리게 되었다. 사람관계에 무지했다는 걸 깨닫게 되었다. 남편과의 사이가 좋아진 건 아니다. 다만 내 마음을 들여다볼 줄 알게 되었고, 다스릴 줄 알게 되었다. 마음을 다스리다 보니 화도 줄고, 온전히 나에게 집중할 수 있었다. 남편에게 쏟았던 에너지를 내게 쏟으니 발전과 성장으로 돌아왔다. 이 시기 읽었던 책들은 주로 관계에 대한 책들이었는데, 사업할 때 큰 도움을 받았다. 직원과의 관계, 심리 등을 공부하게 되니 일석이조였다. 직원들 마음을 헤아리려고 노력하고 심리를 이용하니 이직률도 줄고, 직원들이 일에 임하는 자세도 좋아졌다.

독서를 시작해서 지금까지 달려왔지만 완전한 도움닫기를 마련한 건 '한근태 독서 경영'이었다. 독서를 깊이 있게 하고 질문을 만들어내며, 토론으로 연결하는 이 모임은 최고 그 이상이었다. 거기서 만난 유지윤 선생님은 나를 책엄세와 글 사세로 이끄셨다. 유지윤 선생님께도 감사드린다. 지금은 네일 리스트로서의 삶을 살고 있지만 앞으로의 신희선은 어떤 모습으로 살아갈지 기대해본다. 한 가지 확실한 것은 더 넓은 시야를 갖고 세상을 바라볼 줄 알게 되었고, 어려움이 닥쳐도 이겨낼 수 있는 힘이 생겼기 때문에 지금보다 더 나은 삶을 살 수 있을 것이란 확신이 든다. 남은 삶은 사랑하는 책과 함께할 것이다.

처음 만났을 때의 신 원장을 기억하는 나로서는 그녀의 변화가 기쁘고 뿌듯하다. 책을 읽고 글을 쓰면서 변해가는 모습이 확연히 드러나 좋아 보였다. 나뿐 아니라 함께한 회원

고수의 독서법을 말하다

들이 모두 알아챌 정도로 변화했다. 신 원장의 5년 후, 10년 후 모습이 궁금해진다. 틀림없이 선한 영향력을 더 많이 전 피하지 않았을까.

독서 아웃풋-글쓰기

책은 소중한 나의 비밀 친구

유지윤 (강연회에서 만난 독자)

유지윤 님은 중학교 3학년 딸을 둔 가정주부다. 독서를 하면서 인생이 바뀌었고 지금은 수브레인이란 회사를 운영하고 있다. 나와 함께 공사세, 책사세 등을 만들었다.

책 속에 길이 있다고 한다. 책 속에 길이 있다면 그 길을 따라서 어디든지 갈 수 있다는 말일까? 길에도 대로가 있고 가시밭길이 있고 막다른 길도 있는 법인데 어떤 길을 가야 할까? 그럼 어떤 책을 읽어야 내가 가고자 하는 곳으로 데려다줄까? 내가 이 말을 염두에 두고 처음 만나고자 했던 길은 내가 갈 길이 아니라 우리 아이를 위한 길이었다.

'잔디깎기 부모'란 말이 있다. 아이 장래에 걸림돌이 되는 것들을 잔디 깎듯이 알아서 처리해주는 부모를 말한다. 나는 잔디 깎듯 우리 아이를 위한 길을 찾기 위해 열심히 책을 읽었다. 아이가 좋은 길로 가기를 바라는 마음에서 밤새도록 책을 찾고 선서 읽어보았다. 아이 책 읽는 재미가 쏠쏠했다. 아이와 함께 책을 산더미처럼 쌓아놓고 함께 읽는 재미에 빠져들었다.

그런데 그것은 내 길도 아이 길도 아니었던 것임을 아이가 사춘기가 되고서야 깨달았다. 아이에게 좋은 책을 많이 읽어주면 공부도 잘하고 평생 아이가 살아가는 데 귀한 자산이 된다고 생각했다. 나 역시 그런 마음으로 수천 권의 책을 읽어주었다. 그런데 그것은 내 손에 이끌려 억지로 따라 온 길이었나 보다. 자기의 눈을 사로잡는 길이 보이니 어떤 미련도 없이 휑하니 떠나버리는 황망함이 있었다.

아이가 홀연히 떠나버린 그때 나는 그 길 위에서 길을 잃고 주저앉았다. 그동안 걸어온 길이 도대체 어디인지 나는 어디로 가야만 하는지 그때 나는 깨달았다. 이제 우리가 서로 헤어져야 할 갈림길을 만난 것이구나. 아이는 자기가 원하는 길을 가면서 또 거기서 자기 길을 발견할 것이고 그렇다면 나는?

아이 책을 위주로 탐닉하던 것에서 벗어나 나를 위한 책을 읽기로 했다. 그렇게 마음먹고 처음 읽은 책이 꿈쟁이 김

수영의《당신의 꿈은 무엇입니까》였다. 왜 그 책을 그때 읽게 되었을까? 몸이 필요한 것을 입에서 당겨 한다는 것을 감기가 지독하게 걸렸을 때 느꼈던 적이 있다. 콩나물국을 좋아하지 않는데 감기가 걸리면 신기하게도 그것이 당긴다. 비타민C가 풍부하다는 귤이 그렇다. 그렇게 잃어버렸던 내 꿈을 다시 찾고 싶었는지도 모른다. 뒤이어 읽은 책이 김미경 강사의《인생미답》이었다. 우선 책 제목이 내게 말을 걸어왔다. 그래 인생은 아직 가보지 않은 길이지. 육체에만 밥을 먹일 게 아니라 마음과 정신에게도 밥을 먹여야 하는데 나는 그동안 아이가 남긴 밥을 먹듯이 내 밥을 먹이지 못했구나. 그리고 이어 읽게 되었던 책이 한근태 작가의《일생에 한 번은 고수를 만나라》였다. 책을 읽으면서 지금 내가 서 있는 발밑을 내려다보게 되었다. 나는 지금 어디에 서 있는가?

　나는 내 길을 찾아야 했다. 그때부터 미친 듯이 자기계발 모임을 찾아 나섰고 독서모임에도 열심히 나가기 시작했다. 어디로 가야 할지 모를 때는 우선 다른 사람들이 가는 길을 따라 가보는 것이 상책이니까. '책이 사람을 바꾸는 것이 아니라 바뀌려고 하는 사람이 책을 찾는다'는 말처럼 나는 그렇게 책이 있는 곳을, 책을 읽는 사람들이 있는 곳을 찾아갔다. 전에는 그런 세상이 있는 줄도 몰랐는데 이미 그곳에는 수많은 사람이 있었다. "책이 우리 안의 얼어붙은 바다를 깰 수 있는 도끼여야 한다."라는 프란츠 카프카의 말처럼. 그제야 나는 네게 있는 줄노 몰랐던 도끼로 서툴게 얼어붙은 바다를 깨나갔다. 도끼가 있는 줄도 몰라서 손으로 얼음을 깨려고 했던 시절 입은 상처들이 아픈 줄도 모르고 조금씩 깨져 나가는 것에 희열을 느꼈다.

땅따먹기가 이런 것일까? 미친 듯 책을 읽으면서 하루하루 지평을 넓혀가는 느낌은 매일 새롭게 땅을 개척하는 땅따먹기 같았다. 그동안 답답한 마음을 달랠 길 없어 갈대 숲에 나가 소리치던 그런 나는 잊었다. 그림책 중 그웬 스트라우스의 《잘가, 나의 비밀친구》라는 책이 있다. 책 속 주인공처럼 나 역시 즐겨 찾던 갈대숲은 뒤로 하고 책이란 미지의 친구를 찾아 항해에 나섰다. 그렇게 항해에 나서니 못 갈 곳이 없고 만나지 못할 사람이 없었다. 띠 동갑 이상 나이 차 나는 이들과도 서슴없이 책 친구가 되었고 저자 강연을 통해서 한근태 작가님과도 인연이 닿았다. 지금 생각해도 어떻게 소극적이던 내가 작가님에게 독서모임에 초대하고 싶다는 말을 할 수 있었을까 싶다. 아마 책이 내게 준 힘 덕분이었으리라.

책은 그렇게 나의 비밀친구가 되어 내가 용기가 없고 좌절

할 때마다 "너에게는 내가 있잖아." 하고 목소리를 들려주었다. 살다 보면 다리에 힘이 풀리고 머리가 터질 것 같은 날도 있다. 그럴 때면 나는 어김없이 나의 비밀친구를 만난다. 그 친구는 나를 너무 잘 알기에 자기 친구를 나에게 소개시켜준다. "이 친구를 한번 만나볼래?"

　도꾸도미 로까가 "두뇌의 세탁에 독서보다 좋은 것은 없다."라고 말한 것처럼 그렇게 지금 내 상황에 딱 맞는 책은 때가 낀 두뇌를 말갛게 세수한 얼굴처럼 닦아준다. 독서는 그동안 못 보고 살았던 세상에 대해 '눈뜸'의 환희를 느끼게 해주었다. 책이 그 어떤 것보다도 소중한 친구가 된 지금 이제 나는 그 어떤 것도 두렵지 않다.

독서 아웃풋-글쓰기

답은 내 안에 이미 있었다

김자옥(글사세 회원)

글사세의 멤버 김자옥 님이 쓴 독서에 관한 글이다. 왜 독서를 했는지, 독서를 하면서 어떤 변화가 일어났는지에 관한 이야기다. 일단 읽어보자.

유독 내 주변엔 나를 힘들게 하는 사람이 많았다. 온몸에 화가 묻어 있는 사람, 피해의식에 사로 잡혀 있는 사람, 열등감에 빠져 있는 사람, 날뛰는 감정을 주체 못하는 사람…. 나는 그들의 마음을 알고 싶었다. 도대체 그들은 왜 그러는 건지, 난 왜 그들이 이해가 안 되는 것인지, 왜 하필 이 속에 섞여 그들과 괴리감을 느끼며 힘들게 살아가고 있는 것인지…. 주변엔 답을 줄 만한 사람이 없었다.

책에서 답을 찾기로 했다. 《심리학이 어린 시절을 말하다》

에서 "역사를 알지 못하는 나라는 과거를 되풀이할 수밖에 없다고 했다. 개인도 마찬가지다. 새로운 것을 시도하려면 과거를 통찰하거나 과거에 일어난 사건을 이해하는 일부터 해야 한다."라는 구절을 만났다. 그들을 이해하기 위해서는 먼저 그들의 과거를 이해할 필요가 있음을 깨달았다. 한 명 한 명 각자의 과거를 추적해보았다. 그들은 사랑도 받기 전에 막중한 책임감부터 가져야 했거나 누군가를 위해 희생했지만 그에 상응하는 보상을 못 받았거나 어려서부터 비교를 많이 당하고 부모님으로부터 부정적인 말을 많이 들으며 자랐거나 충분한 사랑을 받지 못한 사람들이었다. 그들 입장이 되어보니 그럴 수도 있겠다는 생각이 들었다.

《30년 만의 휴식》에서 이무석은 "심리적 현실에서 사는 존재는 이미 어른이 된 내가 아니라 '마음속의 아이'다. 원인을 알 수 없는 우울, 초조나 열등감은 이 아이의 감정이다."라고 했다. 또 《거울의 법칙》에서 노구치 요시노리는 '상대 행위를 잘못이라 심판하지 말고 상대의 미숙함이나 부족함 또는 연약함으로 이해해주라'고 했다. 내 주변인들은 종종 내가 이해할 수 없는 감정을 보였다. 예를 들면 느닷없이 화를 낸다거나 필요 이상 자기 혐오에 빠지거나 과한 우울감에 젖었다. 그들 마음속엔 자라지 않은 어린아이가 있었던 거다. 그들의 마음속 아이가 보이기 시작했다. '왜 저러지?'란 마음이 연민으로 바뀌었다. 노구치 요시노리의 말대로 그들 잘못이 아닌 미숙함 또는 연약함으로 보니 감싸주고 싶다는 생각마저 들었다.

루이스 L. 헤이의 《치유》에서는 다소 충격적인 대목을 접했다. "우리는 스스로 특정한 시간과 공간을 정해서 이 지구라는 행성에 태어났다. 우리를 영적으로 육체적으로 성숙시켜 줄 특별한 교훈을 얻기 위해 이곳에 온 것이다. 그 과정에서 먼저 성별, 피부색, 출신 국가를 선택한 다음, 이 인생에서 우리를 이끌어 줄 특정한 부모를 찾았다. 그러다가 어른이 되면 부모님에게 손가락질을 하면서 '당신들이 나를 이렇게 만들었어요'라고 비난한다. 그러나 사실 우리가 그들을 부모로 선택한 것이다. 우리의 단점과 어려움을 극복하는 법을 배우기에 완벽한 모델이었기 때문이다." 성장하기 위해 직접 이런 환경을 택했다는 것이다.

베르나르 베르베르의 《고양이》에는 이런 대목이 있었다. "내게 무슨 일이 벌어지든 다 나를 위한 것이다. 이 시간과 공간은 내 영혼이 현신을 위해 선택한 차원이다. 내가 사랑하는 이들과 친구들은 내가 얼마나 사랑할 수 있는지 깨닫게 해준다. 내 적들과 삶의 여정에서 만나는 무수한 장애물은 나의 저항력과 투쟁력을 확인하게 해준다. 내가 부닥치는 문제들은 내가 누구인지 깨닫게 해준다."《거울의 법칙》에서 노구치 요시노리는 이를 '필연의 법칙'이라고 부르며 살아가면서 닥치는 모든 문제는 뭔가 중요한 일을 깨닫게 하기 위해서 발생하는 것이라고 했다. '왜 하필 이 속에 섞여 이렇게 힘들게 살고 있는 건가?'란 의문에 대한 해답을 찾았다. 내가 더 성장하기 위해 내가 선택한 것이었다. 더 큰 깨달음을 얻고 더 큰 내가 되기 위해 내가 선택한 것이다.

《멈추면, 비로소 보이는 것들》에서 혜민스님은 "세상에서 벌어지고 있는 일 자체는 행복한 일, 불행한 일, 아름다운 일, 더러운 일이 본시 없어요. 그렇게 분별하는 것은 세상 스스로가 하는 것이 아니고 내 마음의 렌즈가 하는 것입니다."라고 말했다. 빅터 프랭클이 쓴《죽음의 수용소에서》에는 "사물들은 각자가 서로를 규정하는 관계에 있지만 인간은 궁극적으로 자기 자신을 규정한다. 타고난 자질과 환경이라는 제한된 조건 안에서 인간이 어떤 사람이 될 것인가 하는 것은 전적으로 그의 판단에 달려 있다."라고 나와 있다. 주변 사람들이 나를 힘들게 했던 것이 아니라 내가 스스로를 힘들게 했던 거란 생각이 들었다. 사실 주변이 이상했던 것이 아니라 '내 마음의 렌즈'에 문제가 있었을 수도 있겠다 싶었다. 또

고수의 독서법을 말하다

한 주어진 환경 속에서 주변 탓만 했지 내가 어떤 사람이 되어야겠다는 생각은 해보지 않았음을 깨달았다.

《당신이 옳다》에서 정혜신 박사는 모든 감정에는 이유가 있고 그래서 모든 감정은 옳다고 했다. 또 혜민스님은 내가 옳은 것이 중요한 게 아니고 우리가 같이 행복한 것이 훨씬 더 중요하고 했다. 다른 사람이 아니라 내가 많이 부족했음을 뒤늦게 알아차렸다. 난 다른 사람의 감정을 판단했고 내가 옳음을 끝도 없이 내세웠다. 마치 난 지극히 정상이고 남들이 다 이상한 것처럼 말이다. 나를 돌아보기 시작했다.

《사람풍경》에서 김형경은 "진정한 자신이 되기 위해서는 억압, 회피, 방어를 벗고, 이상화된 자기 이미지도 깨뜨려야 한다. 외부에 내보이는 페르소나를 벗고, 진정한 자신의 내면에 닿으면 빛나는 지혜와 통찰의 순간을 맞을 수 있다"라고 했다. 생각해보니 난 억누르고 절제하는 감정이 많았다. 나도 모르게 부정적인 감정은 드러내지 말아야 한다고 생각하고 있었다. 그동안 슬픔도 분노도 억울함도 다 열심히 감추며 살았다는 생각이 들었다. 김형경은 또한 "내면에 억압된 부정적 측면이 많은 사람은 더 자주 타인의 부정적인 면을 보게 되고, 그만큼 더 자주 타인에게 분노를 경험하게 된다."라고 했다. 내 이야기다 싶었다. 내가 스스로를 억압하고 있었기 때문에 주변인들의 부정적인 면이 더 잘 보였고 분노도 더 많이 느꼈던 것이다.

불만족스럽고 나를 힘들게만 한다고 생각했던 이들을 이해하기 위해 책을 읽었다. 쉽게 답을 얻었다고 생각했다. 역시 그들에게는 여러 문제가 있었다고 생각했다. 책을 읽으면 읽을수록 그들이 아닌 내게 문제가 있었음을 깨달았다. 그들이 아닌 내가 먼저 변해야겠다는 생각이 들었다. 나를 있는 그대로 받아들이기로 했다. 나의 허물이나 부정적인 마음도 숨김없이 대면했다. 그러자 '나도 그런데 남들도 그럴 수 있지'란 마음이 들기 시작했다. 내가 변해서인지 주변도 바뀌기 시작했다. 늘 삐걱거리던 관계가 조금씩 부드러워졌다. 힘들기만 했던 대화도 나름 나눌 만했다. 책에서 나는 해답을 얻고자 했지만 해답 이상의 선물을 받았다. 또 어떤 많은 선물들이 기다리고 있을지 기대가 된다. 책을 더 가까이하지 않을 수 없다.

김자옥 님은 오랫동안 직장생활을 하다 최근 직장을 그만두고 새로운 변화를 모색 중이다. 책엄세에서 처음 만났다. 평소 조용하지만 자신의 의견을 말할 땐 날카로웠다. 남들과 다른 시각을 가졌고, 남들이 못 본 걸 짚어내는 능력이 있었다. 글사세를 하면서 그녀는 훨훨 날았다. 말보다 글에 더 호소력이 있었다. 본인 말로는 청개구리 같은 사람이라는데 그냥 마구잡이 청개구리가 아니다. 통념에 멋지게 한 방을 날리는 안목이 있었다. 사람의 심리를 잘 파헤쳤다. 실력은 없는데 폼을 잡는 상사, 아무 생각 없이 잘난 척을 하는 사람, 위선적인 사람들은 그녀의 밥이었다. 최고의 초식은 통념에의 저항이다.

난 그녀가 쓴 여러 편의 글을 보면서 늘 궁금했다. 너무나 평범한 사람인데 생각은 너무 비범했기 때문이다. 그러다 이 글을 보고 이유를 알았다. 그녀는 상당 수준의 독서력이 있던 거다. 책을 읽은 내공이 그녀를 이렇게 변화시킨 것이다. 처음에는 주변 사람이 이상하고 이해할 수 없어 책을 읽었다는 것이다. 처음 책을 읽으면서 자기 생각이 옳았다고 착각했지만 책을 더 읽으면서 자신이 문제의 원인이었다는 걸 깨달았고 그러면서 사람들에게 측은지심이 생겼다는 것이다. 난 이게 성장이라고 생각한다. 자기만의 생각에 빠져 있다가 책을 읽고 점차 열린 사고가 되었으니 이만한 성장이 또 어디 있겠는가.

고수의 독서법을 말하다

초판 1쇄 발행 2020년 7월 31일
초판 5쇄 발행 2023년 6월 25일

펴낸곳　　　이지퍼블리싱

지은이　　　한근태
편집인　　　서진

마케팅　　　김정현·이민우·김은비
영업　　　　이동진

디자인　　　김희연

주소　　　　경기도 파주시 광인사길 209 202호
대표번호　　031-946-0423
팩스　　　　070-7589-0721
전자우편　　edit@izipub.co.kr
출판신고　　2018년 4월 23일 제 2018-000094 호

ISBN 979-11-90905-02-2 03320
값 15,800원